U0056648

辣蝴蝶

探訪世界舞台聚光燈外的緬甸

序言1 | 心道法師 · 佛教靈鷲山教團領導人

緬甸是一個非常平凡的國家，但卻產生了神聖的信仰；人民雖然很窮，內心卻從信仰得到很大的富足。

她是一個多種族的國家，以佛教為中心信仰，一直不開放，為的是想把佛法保留下來，假如隨便開放，很可能出現各種紛爭、搶奪的現象，所以軍政府一直維持鎖國政策。

這裡特別好的物產有寶石、木材、礦產等，許多富人經營這些產業；一般人生活靠農產品。另外有些富人就是賺鴉片的錢，這個讓人頭痛的產業，現在受到管制，有些地方已經改種其他農作，如茶等。

緬甸未來大概是有三個大區：仰光為中心的政治區；曼德勒為中心的經濟區；北邊臘戌為中心的工業區。

我在緬甸出生，對那裡滿有感情，也習慣那裡的生活，儘管這樣，還是覺得那個神秘的地方。這裡受佛教薰陶，人民不會搶奪，也沒有很大的人權問題，有時候號稱無人權的地方，反而有人權。

緬甸值得去觀光、探索，這裡心靈潔淨，沒有色情，民族性很愛乾淨，連廁所都很乾淨。

至於為何緬甸人有「蝴蝶民族」之稱，有人說是因為愛漂亮，緬甸婦女是有用香木粉塗面的習慣，但婦女愛美是普遍的現象，我想蝴蝶的悠遊自在才是得名的原因。

序言2 | U Thein Aung · 「愛與和平地球家」組織駐緬項目經理

緬甸是一個擁有多元種族的國家，保存了豐富的文化遺產，使她成為所有訪客心目中迷人而值得探索的國家。緬甸的悠久歷史為她留下了豐富的文化和精神遺產，豐富了世人的心靈。歷史上，小乘佛教在緬甸是源遠流長的信仰，其教義對一般人的日常生活有很大影響。號稱「千塔之城」的蒲甘，以紮根於佛教的文化遺產聞名，是佛教與佛法普及的好例子。世界奇景之一的大金塔是緬甸的地標，您可拍下大金塔的相片證明您接觸過「佛塔之鄉」緬甸。

　　曼德勒市是緬甸文化的心臟，為訪客提供了充分的吸引力。到緬甸而不參觀著名的皇宮、聞名於世的大釋迦佛像以及百年柚木大橋和鄰近的城鎮，總會為人帶來遺珠之憾。別有口味喜歡在涼風大氣和自然環境中觀光美麗如畫的山巒的訪客，則可在葛勞、茵萊湖、東芝、丘陵上的「花之鄉」品塢倫找到他們所想要的。在那裡，您可花更多時間在葛勞漫步，乘小船在茵萊湖觀光，放鬆身心，達到雙重目的：一面參觀佛塔，一面尋找烏龜蛋(緬甸的講法)。至於那些喜歡感覺海灘和海風的人，距離仰光市有些路程的海灘勝地，則可為您提供標準服務，讓您滿意。從仰光經高速路抵達毛淡棉市，則可一探遊客必至的風動石塔。這是一座修造在一個大岩石上的金塔，它的壯麗是在於它令人驚訝的平衡，迄今猶為自然界的奧秘。

　　訪客來到緬甸有多重目的：有些來享受他們的生活時依然高風亮節，譬如參加由禪修中心提供的禪修課程，有些則純粹來享受他們的假日。也許您也是抱著這樣高蹈的目的來訪緬甸的。禪修中心提供您膳宿以及修習佛法的環境，這是對現世以及未來世很好的投資，因為與眾生共同行善。

　　緬甸人有強烈的國民性，總是表現得禮貌而友好，好客而助人。走訪過緬甸的人總記得那裡是最好客而溫情的國家。您來這裡可以享受到緬甸的溫暖問候—Mingalabar(您好)。

沒有去過的人可能不會想要去緬甸，可是去過一次就會想要再去一次。

人活著實在很苦，從小就必須面對許多壓力。有些人連渡假還要掛念著課業、工作甚至前途。很難帶著靈魂一起去旅行。由於感到生命短暫，所以要抓住機會多走走多看看，可是靈魂沒有跟著來，見到的壯麗景觀與古代遺跡都只是空殼。拍許多照片回來看，剛開始可以挽回一些記憶，但是要不了多久感覺就逐漸淡去。

由於生活在富裕的社會，我們獲得的資源實在超出所需太多，許多真正可貴的元素正不斷地因為物質慾望而消失。我這樣說並不是歌頌貧窮，而是建議以另外一個角度來看待自己的生命，或許可以讓我們得到全新的體驗。

有長輩聽我敘述緬甸的生活之後告訴我，那就像是幾十年前的台灣，我們這年紀不曾經歷過的年代。那種物資缺乏，生活步調緩慢的生活聽起來距離很遙遠，卻仍然存在於地球上許多角落。

在緬甸的時候看到纖瘦的人們以及他們艱困的生活，常常感到心酸；然而回到台灣後看到每天工作將近十個小時的上班族，還有那些面臨失業，或已經失業的勞工們，一樣感到心痛。爭名奪利的政客與為了保住地位財富而作出損人之舉的人們，他們的生活何嘗不辛苦不可悲？

緬甸農人因為買不起農藥而為蟲害傷腦筋，台灣人則為了農藥施放太多而找不到安全的蔬果食用。到底有錢好不好？貧窮總是讓人陷入絕望，有錢煩惱也少不了，做人真難。

與台灣不一樣，緬甸仍然維持著農業社會的型態，由於沒有工業污染所以自然環境維持比較好，也因此吸引了愛好自然的歐洲遊客。然而從西元二〇〇〇年開始，她的社會型態起了很大的變化；但仍僅限於仰光等大城市。因為政府極力推動觀光產業的發展，加上治安良好，人民親切與善良，所以到過緬甸的人們都很懷念這塊土地。

能源問題是各國發展經濟的時候必須克服的問題。被各國經濟制裁的緬甸要取得充足的能源更是困難，所以縱然在首都仰光，還是得面臨不定時停電的窘況。除了用電的問題之外，在仰光市與曼德勒市才

有桶裝瓦斯使用，大部分的人都是燒柴火來煮飯，更不可能有熱水可供洗澡，所以人們都習慣在午後洗澡，畢竟晚上洗冷水還是有點冷。

在某些地方甚至連水的供應都可能成問題，在蒲甘租馬車的車夫為了車上有味道而向我道歉，他說因為供水問題，他大約兩天或三天才能洗一次澡。這些問題一般觀光客是不會知道的，因為飯店都備有自己的發電機，供電與供水都不成問題，也有熱水可供洗澡。說起來不管到哪一國，作為觀光外匯來源的觀光客還是很尊貴的。

這樣的生活真是不可思議，而最不可思議的還是緬甸人的樂觀。他們在過節的時候盡情歡樂，舉行宗教儀式的時候雖然莊重，但也充滿輕鬆愉快的氣氛，甚至連喪禮上也都保持「有限度的哀傷」。在佛學院的時候，寺院的信徒們可以為了懸掛歡迎台灣供僧團的布條而花了一整個下午的時間，雖然沒有效率，但是那種真誠以待與慎重其事的態度實在令人感動。

我們總認為財富可以使人快樂，對於緬甸人來說也是如此，但是他們比任何國家的人更懂得享受給予的快樂。許多人都說是因為信仰的關係，所以人們都習慣供養僧侶，並引以為傲。實際上也是如此，有餘錢供養代表生活還不是那麼糟糕，這樣的觀念讓緬甸人比較不自私。放生的概念也讓他們將關愛遍及人類以外的動物，非常符合環保意識。

雖然有將近百分之九十的人口信仰佛教，然而若僅只以宗教的角度來看待緬甸，我認為會流於籠統與太過簡化。故採擷一些歷史典故與傳奇故事，如此可以讓我們更深入了解緬甸這塊土地，以及人們的生活型態。

離開緬甸的前一夜，在寺院裡面有一位青年法師勉勵我：「佛法之殊勝，在於身體力行。修學佛法若沒有透過實踐，那麼對於佛法更深層的涵意將猶然無知。」，如果將這句話換成「生命的可貴，在於親身體驗各種生活經驗，如果知識只是從書本上獲得，那麼對於生命更深層的涵義將猶然無知。」，對於我們一般人或是非佛教徒來說或許比較能夠理解。

佛教佈施的對象並非限定於僧侶。雖然我不是僧侶，但是在緬甸期間仍然受到許多人善意的佈施。因此希望大家都來認識緬甸。以前我不曾想過要去緬甸，可是去過一次之後還想要再去，畢竟除了遼闊的自然風光、珍貴的古代遺跡外，那兒還有慈愛的師長與親切的朋友等我再度拜訪。

最後要感謝緬甸佛教協會郭會長如兄長般的關懷指導與協助，還有釋淨念法師與釋恆明法師以及釋法用法師在佛學問題上的指導與協助。

如果寫此書有任何功德，願將此功德迴向於一切。此書謹獻給所有緬甸的人們。

目錄

一、緬甸

啓程

最舒適的季節與節慶

美食Sa Pi Bi La？

悠閒的午後時光

富貴的況味—寶石

緬甸 01 啟程

「地圖是世界上最精彩的繪本」

~魯迪亞‧吉卜林(Rudyard Kipling,1865-1936)如是說。

等交流的關係，緬甸對於台灣人算是比較陌生的國家。

因為不了解而造成偏差的觀念來自於電影「哈利波特第一集」，動物園裡面的爬蟲動物館，那條與哈利波特交談的緬甸蟒蛇讓我以為緬甸大部分地區屬於熱帶雨林，直到上網尋找資料後才知道，根本就沒有熱帶雨林可以讓我去探險。現在緬甸還保存著許多雨林或是原始林地，只是沒有對外國的觀光客開放。

行前請教去過的朋友，得到的都是片段、不完整的資訊。且不同人的描述彼此之間都有出入，有些令人安心；有些則令人擔心。治安好是一致被認同最令人安心的因素。常常停電，需要準備手電筒，這也簡單好辦。住宿方面便宜，但是撣邦高原地區頂多只有客棧等級的小旅店，到時候再一家一家挑吧！至於交通方面，火車設備老舊，與長程的公共巴士耗時相當，但是因為緬甸普遍路況不佳，搭乘巴士會增加旅途困頓的程度。最後選擇以飛機與租車為主要的交通工具。好處是快速、便捷又具備機動性，但缺點是較少機會體驗當地人的生活滋味，有些可惜。

一般人對於緬甸的了解，主要還是在於她的宗教。然而純粹的佛教目前僅存在於那些正統傳授巴利經典，或是教導禪修的修院與寺院當中。一般民眾除了佛教，另外也信仰融合了來自印度的婆羅門教，與類似傳統薩滿教的「那陀Nat崇拜」。其他宗教例如基督宗教與回教也因為十九世

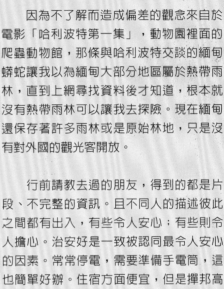

對旅行的人來說，必備的隨身工具就是地圖與指南針。台北各大書店都買不到緬甸的地圖，只能帶著指南針。由於緬甸並非台灣人的熱門旅遊地區，除了來台就學的學生之外，幾乎完全沒有外交與經貿

紀英國殖民影響，成為較少部分民眾信仰的宗教。

同印度尼西亞人一樣，緬甸人沒有姓氏，稱謂被融入姓名當中。對五十歲以上年紀較大的人名前加烏(U)，是尊敬對方的稱呼；平輩或青年人稱扣(Ko)；幼輩或少年稱渺(Mio)；年輕的小姐，一般稱瑪；對年紀較大或有地位的婦女，稱蹈(Daw)。我就曾經因為叫錯，而被租車公司的老闆抗議，因為我叫他烏(U)XX。他認為自己還很年輕，是扣(Ko)XX才對。

命名與流行八生肖說有關。周一為虎，周二為獅，周三上午為雙牙象，周三下午為無牙象，周四為老鼠，周五天竺鼠，周六為龍，周日為妙翅鳥。[註1] 在仰光大金塔的西面塔基旁有八尊佛像，就是讓信徒分別依照不同的生肖來浴佛，這是將習俗與信仰融合的例子。

緬甸是中南半島上最大的國家。西方和南方瀕臨印度洋，海岸線長達二千八百三十二公里。緬甸的地形粗略地可分成三部份：西部山區、中央山谷平原地區和東方的高地山區。中央山谷地區由伊洛瓦底江(Ayeyarwaddy)的廣闊的河谷沖積平原組成。東部山區是撣邦高原。本書的行程除了首都仰光與第二大城曼德勒Mandalay之外，將帶你遊歷高原上的避暑勝地，更深入山區拜訪傳統原始生活型態的村落。然後來到東南亞三大佛教聖地之一，將近千年歷史的蒲甘大平原，來一趟時光回溯之旅。接著讓我們飛到保存原始自然生態與景觀，位於孟加拉灣的拿巴里海灘。

必須承認第一次抵達仰光國際機場的時候，對於機場的規模與建築結構上簡單的程度印象深刻，然而最特殊的還是那不尋常的氣氛。機場荷槍的軍人與工作人員，以嚴峻的眼神在等待入境的隊伍中巡視，讓人不由自主地緊張起來。等待入關的時候一直擔心被海關人員刁難，那樣我會非常不悅。幸好海關對我很客氣。後來在緬甸各地的機場就感覺輕鬆多了，不管是工作人員還是保安的軍人都很親切。

緬甸 ⁰²最舒適的季節與節慶

緬甸一年當中有三個季節：從5月到10月為多雨的季風性雨季，11月到3月是乾季，和3月與4月是最炎熱的季節。全年平均溫度在北方高地和中央的低的地區，從攝氏21度到32度。最適合造訪的季節是乾季，也就是比較涼爽的冬季。

通常旅行的行家都會選擇在舉行大型慶典的時候拜訪目的地，除了可以了解民情風俗；更是深入各地歷史人文的最好方式。不可否認，享受節慶的歡樂氣氛是最吸引旅人的誘因。

每年緬曆四月(Tankhu)的滿月日是新年，新年的前四天開始除夕的活動，也就是我們俗稱的「潑水節」。在緬文是「THINGYAN」，表示轉變，在緬甸文裡「MAHA」(偉大的)這個後綴詞，通常加在表示辭舊迎新年這種重大變化的詞後面。他們也使用「ATA」(結束)這個後綴詞表示節日。實際上，它指舊年的最後四天。作為歡慶的一部份，人們會互相潑ATA水，它象徵著和平、繁榮以及滌淨身上的不潔。

當天全國所有的僧人都會誦經等儀式。除了會舉行由僧侶誦經的佛教儀式，群眾們在慶祝活動之後，所有城市都會舉行花車遊行，人們在這一天相互潑水祝福，身著盛裝的婦女翩翩起舞。年輕人呼朋喚友，穿行於市集街道中，像趕廟會一樣從一個潑水台奔向另一個潑水台。這時，緬甸就成了幾近瘋狂狀態的海洋。現在跳著傳統舞蹈的女子為流行歌手所取代，各城競相邀請當紅的歌手們，在潑水台上為大眾獻唱。

其實潑水節的傳統，並非只有緬甸才有的。像是鄰近的國家如：泰國、寮國與柬埔寨等，也都同時慶祝這個節日。

佛制僧眾結夏安居（Vassas）第三個月，即緬曆七月（Wahsou）的月圓日，這天是結夏安居的解夏日，也就是「點燈節」。相傳這是當年佛陀到了忉利天，為母親說法，之後在帝釋天的引導之下，由梵天陪伴從忉利天回到人間的日子。緬甸人為了迎接釋尊，在這天都會於佛像前點燈供養，各處也都以燈火裝飾，象徵佛陀為人世帶來光明與希望。

現在緬甸的人很流行放天燈來祈願，當所有的天燈一齊升空，逐漸飛昇加入群星的行列，內心感到與天地融合，心胸豁然開朗。通常此時已經進入比較乾燥又涼爽的季節，又可以體驗點燈盛會，是造訪的最好時機。

緬甸 ⁰³ 美食 Sa Pi Bi La?

活上的壓力。進餐的同時旅人可以獲得休息，飲食也是認識當地生活方式很重要的管道之一。

老實說我對於傳統緬甸菜，主要還是從住在佛學院的那時候建立起的概念。寺院裡面出家人的飲食簡單，但是比想像中還要豐富些，所謂的『豐盛』，不過就是多一兩盤菜。他們接受十方供養，有時豐盛有時簡單，就像托缽一樣，人家供養什麼就吃什麼。不管是烤或是炸或是炒的烹調方式幾乎都會帶點甜味，有些也帶點酸味。主食是米飯，也有炒麵或炒米粉。炸蝦餅是緬甸人非常喜愛的食物，在撣邦高原山區的公路上，常常可以見到載運蝦餅的貨車。

也許因為地理位置與印度、泰國、中國這三個國家相鄰，緬甸的菜色幾乎融合了這三國的特色。傳統的用餐習慣是用手抓盤中食物來吃，不只是路邊鄉下的農民，我曾經在仰光戒備森嚴的軍人首長的辦公室外面，見到他隨身侍衛們以手來解決他們的午餐。另外因為曾經被英國殖民過，一般人家的用餐習慣大都使用餐巾與刀、叉。在某些人家可以感受到少許舊日英國殖民時代遺留下來的習慣，但是那都是「緬甸式」的英國風，緬甸人從來不曾因為被外國人統治而喪失自己的風格。

「Sa Pi Bi La?」緬甸最普遍的問候語，就是「用餐了嗎？」。不管走到哪，人只要還活著就需要進食。除了續養生命之外，食物還可以安慰人們謀生的辛勞與舒緩生

除了仰光市區以外，其他所有地區甚至連五星級飯店，也很難吃到烹調講究的菜色。這點對於從習慣於精緻飲食的富裕地區來的遊客，在飲食習慣上是一項挑戰。

　　這麼形容很容易讓人誤會，以為緬甸的飲食都很糟糕。其實我非常推崇緬甸的食材，尤其蔬菜水果。因為國內沒有化學工業，化學肥料跟殺蟲劑都必須仰賴進口，因此成本昂貴，農人很少使用。但是在傳統市場蔬菜的種類並不是很多樣性，許多從中國進口的蔬菜與水果只出現在超級市場的售貨架上，並且昂貴得讓一般人買不起。例如來自中國新疆的哈密瓜，一顆售價約700kysts，是一般人一天的工資了。

　　一般人在路邊的攤子上，大概都吃傳統的飯或米線，加上香菜、檸檬、鹽巴、糖、魚露或是蝦醬等調味料之後再淋上湯汁。也有賣烤肉串的小販，但那比較類似點心不能填飽肚子。加了椰漿的白米飯也是特色，香香甜甜的白米飯可口又開胃。

　　在家則大多以醃漬的薑或蔬菜佐飯，其中醃茶葉算是最特別；味道除了鹹還帶點酸味，常常加上辣椒油，特別開胃。

　　再稍微高級一點，就是賣中國菜的餐館。仰光、曼德勒這兩個大城市有賣魚翅的潮州餐館，價格比台灣的餐廳便宜許多。但是因為環保與人道的因素，所以外國遊客絕少選擇此類餐點。一般中國餐館的烹調方式不外炒與炸，而且口味大都很鹹。

　　這些餐廳皆不供應牛肉，因為緬甸人幾乎是不吃牛肉的。據當地人說是因為牛可以耕田，有非常大的用處，而且是人們的好助手，不應該吃它們的肉。其他肉類方面，豬肉、羊肉、雞肉、魚肉都有，但是以雞肉跟羊肉為主。

在緬甸要找素食餐廳比較不容易，一般人很少吃素。反而素食餐廳都是以西方遊客為對象而開設。在蒲甘Bagan舊城門外有一家素食餐廳，招牌上寫著「Be good to animals」。座位都是露天，菩提下的餐桌旁還擺著兩張大躺椅，因為沒有其他客人，點完菜之後老闆跟他的朋友顧著與我聊天，還忘記下廚。催促了兩次才吃到午餐。一切是那麼悠閒，顧客還沒吃完他老兄已經躺下來休息了。

也許你會懷疑，這麼大的國家難道沒有任何像樣的餐廳嗎？有的，但是只有在仰光。位於燕子湖(Inya Lake)畔有一家二〇〇四年十月才剛開幕的法國菜餐廳「Le Moliere」。英式建築與內部簡單帶點英國鄉間俱樂部風格的裝潢，白淨的牆面僅掛著一幅法國古典織錦壁毯，另外還有可以在餐後喝咖啡或喝酒的吸煙室。菜色風格是海鮮與創新法國菜。一餐一人的消費大約是二十美元左右(佐餐酒另計)。

另外一家我懷疑可能是仰光最昂貴，也是最好的法國菜餐廳。就是位於Natmauk Lane街，Kandawgyi Lake湖畔的「Le Planteur」。除了餐廳的建築與內部裝潢是典型的殖民式風格(例如使用藤椅)，他們甚至大膽地標榜印度支那式的服務，擺明了就是專為歐洲來的挑嘴客所開設的餐廳，也提供高級商務人士一個談生意的場所。除了藤椅與天花板上的吊扇，法式方格柚木材質的地板，以及餐桌上與玻璃

杯成套的玻璃燭台，使用的底盤是摩登的黑色瓷盤，還有銀質且線條簡單的寬版餐巾環，在在顯示了老闆的品味與對餐廳的用心。

　　整間餐廳除了三區用餐室，戶外草坪上也有餐桌。在涼爽的夜裡，椰樹下水池邊，吃著普羅旺斯（Provance）風味的法國菜，聽著秋蟲此起彼落的鳴叫聲。而每個桌邊不遠處還站著（至少）一個等候著隨時服務的專人，讓人彷彿回到了十九世紀時的殖民年代。他們牛肉的烹調技術可說是緬甸最好的。一餐吃下來，一個人的費用大約在三十美元以上，（佐餐酒另計）。

　　另外在位於Thu Kha Waddy路，標榜正統義大利菜的「L'Opera」以及「Hotel Nikko」附屬的日本料理餐廳「Benkay」等，都是不錯的選擇。以上介紹的這幾家餐廳都是外國人開的。如果吃不習慣緬甸一般餐廳的口味，上述餐廳是不錯的選擇。

緬甸 04 悠閒的午後時光

緬甸到處都有茶館，從一般路邊簡陋的露天座位到五星級飯店自助式下午茶，滿足了各個階層的需要。對於一般緬甸人來說，飯店裡面八美元的午茶遙不可及...

而作為一個拜訪者，兩者對我而言皆有不同的樂趣。

緬甸茶就像英國紅茶，喝的時候可以加上煉乳或奶精粉 (沒有鮮奶) 跟糖。也提供中國茶，不過緬甸人喝中國茶大多是在飯後，因為一般烹調菜的口味重些，所以茶對我來說很重要。雖然香味不如台灣產的烏龍茶濃郁，但是淡淡的清香更耐人尋味。

第一次到小茶館喝咖啡是在曼德勒的摩訶牟尼佛塔(Mahamuni Pagoda)後面的街上。老闆拿出三個品牌的三合一咖啡包讓我們選擇，同行的台灣朋友既驚訝又覺得有趣。其實我早就聽說了，緬甸路邊小茶館只供應三合一咖啡，帶台灣的朋友來就是想看看他驚訝的表情。

雖然緬甸也種植咖啡，但是一般人還是喝不起用咖啡豆現沖的咖啡。

後來在品塢倫(Pyin Oo Lwin)鎮上，一家法國人開的裝潢得很像「Starbucks」的咖啡店，喝到香醇的Caffe Latte。品塢倫當地有政府經營的咖啡種植農場。在飯店、旅館或是小客棧，早餐的時候一定有無限量供應的咖啡，我通常要喝兩杯。緬甸的咖啡真的很好喝。

一杯150kyats的三合一咖啡跟一杯700kyats的拿鐵，如果你是緬甸人要選哪一種？要我當然選擇三合一咖啡。

坐在低矮的椅子上跟當地人閒聊，聽他們對於在地的介紹，又同時滿足他們對於外面世界的好奇。就算語言不通，通常老闆會站在一旁對著你微笑。路邊咖啡座既自由又愜意，如果你到緬甸來，千萬別錯過。

在仰光住在香格里拉飯店

(Traders Hotel)的時候，突然很想吃冰淇淋。午餐後就到一樓咖啡廳，問他們有沒有「Haggen Dazs」的冰淇淋，侍應生很熟練地回答沒有。他們一定常常被外國住客詢問同樣的問題吧！還是點了一客兩球的冰淇淋，想吃吃看緬甸品牌的冰淇淋口味如何，結果是極難吃。

後來到了曼德勒，發現喜多娜飯店(Sedona Hotel)旁邊有一家裝潢簡單但座位舒適的冷飲店，吃完午餐走回飯

店的時候，進去喝可樂順便點了芒果冰淇淋，令人驚喜的是他們的冰淇淋是自製的，並且吃得到芒果的纖維。

　　後來回到仰光，在離開緬甸的前一天又去香格里拉飯店吃自助式的下午茶，供應時間是從下午兩點到五點。一人八美元，可以吃到傳統英國三層午茶茶點內容的圓形英式鬆餅(Scone)、手指三明治、水果塔，還有多種蛋糕、布丁、餅乾跟水果，也有中式燒賣、蒸餃等點心。

　　最特別的還是那殖民風格的樂團演奏，曲目大多是古典室內樂。演奏的人看我對他們拍照，都開心的笑了。

　　最愛看緬甸人的表情，他們從來不閃躲陌生人的視線，當他們發現你在看他，都會回以熱情而純真的笑容。這點跟我們台北的人很不相同；不信，你可以試試看，在街頭找個目標對他微笑，人家不當你是神經病才怪！

緬甸 ⁰⁵富貴的況味—寶石

除了產量超過全球70%以上的柚木之外，緬甸的寶石與半寶石的礦藏在質與量方面都傲視全球。翡翠(Jadeite)、紅寶石(Ruby)、藍寶石(Sapphire)、黃寶石(Yellow Jewlry)、紅碧璽(電氣石Tourmaline)、橄欖石(Peridot)、柘榴石(Garnet)、黃玉(Topaz)、金綠寶石(Chrysoberyl)、硬玉(Jadeite)、軟玉(Nephrite Jade)、尖晶石(Spinel)、鋯石(Zircon)、緬甸琥珀(Amber)、珍珠(Pearl)、鋰輝石(Spodumene)等寶石與半寶石。

其中尤其以紅寶石與最受東亞民族喜愛的翡翠，品質最高也是緬甸外匯最主要來源之一。為了發展珠寶工業，緬甸政府一九九五年頒布了新珠寶法，允許緬甸公民依法從事開採、加工和在國內外銷售寶石翡翠坯料和珠寶製成品。自一九六四年以來，緬甸幾乎每年舉辦珠寶交易會。為了擴大珠寶出口，緬甸近年還在每年十月份增辦一次珠寶交易會。據官方統計，緬甸僅從歷屆珠寶交易會上獲得的外匯收入就超過了五億美元。

蘊藏世界上最優質的紅寶石與其他寶石礦藏的地點，位於緬甸地理位置的中心點，也就是曼德勒省的摩谷Mogok。位於撣邦高原的shwebo西北方一百五十公里，海拔將近一千二百公尺。需從仰光獲得官方的特殊許可証才能到達。

歷史記載，摩谷因盛產紅寶石與其他有色寶石而聞名，是始於西元十三世紀初蒲甘王朝時期。君王賜予摩谷「紅寶石之地」美名。

從曼德勒開車到達摩谷並不難；只是蜿蜒的山路增加旅行的勞頓，其中還有許多處道路是呈現U字型的髮夾彎。但是沿途植被森林的山丘谷，與伊洛瓦底江沖積平原的秀色，是慰藉旅人最好的獎賞。

一九九六年在摩谷發現蘊藏估計有二萬一千四百五十克拉的紅寶石礦藏，接著又發現蘊含有六萬三千克拉珍貴的星輝藍寶石礦藏。除了這些稀有的鋼玉類寶石，當地也出產像尖晶石、橄欖石與黃玉等許多種類的半寶石。由於礦藏實在太豐富，緬甸政府除了對外國人的管制，當地居民要挖掘自家的土地都必須經過申請，受到嚴格的管控。

為何紅寶石自古印度、希臘時期起，一直到一次世界大戰後，始終保有最高價的有色寶石之名聲呢？數量稀少是一個事實，但紅寶石絕世的美，以及僅次於鑽石的硬度等也都是主要因素。

紅寶石「ruby」的字源是拉丁文的「ruber」，意思是指紅色。最早廣泛的描寫紅寶石的是古印度哲人，在梵文中紅寶石有許多名字，譬如「ratnaraj」（寶石之王），「ratnanayaka」（寶石之冠），「padmaraga」（紅色蓮花）等等。來自泰米爾語「Kurundam」，和梵文「Kuruvinde」的剛玉（英文名稱Corundum），本身就是紅寶石的意思。

以紅寶石為描述與歌頌對象的古代印度詩人，用文字描寫在紙上時，對於這有色寶石的觀感是混含著許許多多的隱喻。他們寫到：「偉大的石頭，有著如燃燒木炭的泛紅顏色，或是如同表皮閃耀的石榴，如果只是把紅寶石叫作紅色，對他們詩的感受力而言是種侮辱。」

紅寶石的結晶體為六方晶系，所以最普遍的切磨形狀是呈橢圓形，切得好的紅寶石，其閃爍光彩美麗奪人。在光下搖動可看到閃閃紅火燄的光，這就是紅寶石的美。內含的鉻和鐵成份多寡會呈現各種不同的紅色調，從粉紅、正紅、紫紅到褐紅色，其中產於緬甸的鴿血紅寶石的色澤最美麗也最珍貴。

　　由於紅寶石的晶體常出現雙晶，因此容易產生裂紋，但它實際上非常堅韌，硬度僅次於鑽石。紅寶石產量較藍寶石少，尤其大顆（十克拉以上）質美的更稀少，價格並不亞於鑽石，有時比優質的鑽石或祖母綠還要昂貴。如果黃金是最主要的貴金屬，那麼紅寶石就是最重要的貴寶石。早在數千年前，人類的有色寶石紀錄裡就有

一系列相關於紅寶石的有系統論述。紅寶石是最昂貴的寶石。的確，在文明世界裡把紅寶石及黃金儲備作為通貨發行準備的歷史幾乎一樣長。

古印度詩人是這樣形容紅寶石的：「紅寶石，當他暴露在初昇的朝陽下時所散發出的紅光，立刻將屋子染成深紅色，多麼的神奇美麗。 紅寶石，將他投入牛奶中會迅速膨脹百倍，並將牛奶染變成一片鮮紅，並散發出紅色火焰，真是無可匹敵。紅寶石，就像那太陽能擊退黑暗，是傑出

而偉大的。」讀到這些章節，使你不只能體會到紅寶石的美麗，亦可感受到那使人陶醉的魔力。這就不難想像古人何以認為佩帶紅寶石將會帶來好運。

紅寶石表面的裂痕是替佩帶者擋掉災禍所致。並非只有古印度人這麼想，在工業革命前，寶石具有趨吉避凶的魔力，在歐洲一直是普遍的一個

想法。如今我們在歷史上可發現，有些人並不只是將紅寶石當成裝飾品來看待。他們認為紅寶石是具有魔法的、不可思議的、甚至是神秘的。

緬甸流傳著一個在「無底山谷中輝耀的紅色寶石」的古老傳說。當地人把一塊塊生肉投向山谷引誘禿口，希望寶石粘在肉上，將禿口殺死後就可以得到這些寶石。「一千零一夜」一書在辛巴達的冒險經歷中，也談到了類似的故事。寶石礦工們普遍認為，顏色暗淡的紅寶石如果埋在地下，最終將變成鮮紅色的。他們認為，紅寶石是剛玉族中發育最成熟的成員。

緬甸人珍視紅寶石，不僅因為它美麗，還因為人們普遍相信紅寶石具有保護人身的魔力。古時候，他們相信在人身上割開一個小口，把紅寶石鑲進去，施行這種手術的武士就會刀槍不入。

擁有豐富的寶石礦藏未必使緬甸成為民生富裕的國家；相對地還曾經帶來戰爭與亡國的命運。一八八五年，當英國得知法國一間公司將在著名的摩谷開採紅寶石後，便以激烈的手段入侵佔領了緬甸中部，揭開了三次緬英戰爭的序幕，於年底緬甸的末代君主施泊王（Thibawr 1878-1885）被放逐到印度。翌年英國東印度總督發表公告，宣佈緬甸列入　英國女王統治的版圖。

緬甸的翡翠與中國的工匠藝術有很密切的關係。由於清朝后妃乃至慈禧太后對翡翠飾品特別鍾愛，除了首飾，翡翠更被雕刻成作為室內的陳設。在台北的故宮博物院珍藏的翠玉白菜[註1]就是產於緬甸的翡翠。翡翠習慣上又稱為緬甸玉，是緬甸出產的硬玉。日本、蘇聯、墨西哥、美國加州等均產有硬玉，但其質量與產量遠不如緬甸，達不到寶石級。

中國人對於玉石的熱愛，可追溯至西元前二九五〇年的時代。西漢時王公貴族流行死後身著金縷玉衣入殮，當時人們十分迷信玉能夠保持屍骨不朽，更把玉作為一種高貴的禮器和身份的象徵，我們可以在台北故宮博物院裡看到唐玄宗及宋真宗禪地的「禪地玉冊」，以及漢代製作的祭天用的「璧」、祭地的「琮」[註2]

中文的「玉」就像英文中的「金」(Gold)一樣，具有永恆不朽的意涵。在歐洲，玉石被使用的歷史並不明確；僅能從考古學家發現的古代製作的玉石雕鑿的斧發現被運用。在中美洲，古代瑪雅人也將玉石雕刻成面具，覆蓋在亡者臉上。

與中國不同的是；歐洲以及中美洲所使用的玉石是屬於硬玉(又稱輝玉)，而中國古代所使用的玉器則是產於中亞的軟玉。中國對於硬玉的認識始於十三世紀末，元朝遠征緬甸時所帶回的戰利品。中文的翡翠一詞來源於翡翠鳥[註3]，這種鳥雄性呈豔紅色，稱為翡鳥，雌性呈豔綠色，稱為翠鳥。由於自然界產出的翡翠多為綠色和紅色，漸漸「翡翠」這一名詞由鳥禽轉為玉石的名稱了。

直到十八、十九世紀，翡翠飾品隨著貢品與貿易進入中國，被清朝王室所青睞。翡翠從此一躍成為東亞地區最貴重的寶石。華人婦女喜歡配戴翡翠製成的圓形手環，這種風氣也隨著華人擴散到東亞各國。

如果以礦藏原石的交易方式來看，翡翠商人可以說是全世界最大的賭徒了！由於翡翠的價格不菲，購買未曾切割的原石就成了很大的賭注。自古以來，原礦石的拍賣會上交易時，買玉者僅能從包有皮殼的原石，有時也在皮上開一「視窗」，也就是擦掉小塊皮殼露出玉質，來判斷這塊玉的價值。

註1　十九世紀的作品。此件翠玉白菜原是北京紫禁城裡永和宮的陳設器，永和宮為清末瑾妃所居之宮殿，據設翠玉白菜即為其隨嫁的嫁妝。
註2　周禮‧春官‧大宗伯：以蒼璧禮天，以黃琮禮地。
註3　翡，赤羽雀也；翠，青羽雀也，東漢許慎《說文解字》。

緬甸的翡翠產地主要分佈在緬甸北部的烏龍河流域，親敦江支流，克欽邦西部與實皆省交界線一帶，呈東北向西南延伸，長約二百五十公里，寬約十五公里的區域。翡翠礦呈帶狀分佈，不同地段開採出不同質量的玉石，便形成不同的坑口。

歷史上緬甸最著名的坑口有四個：度冒，潘冒，緬冒和南奈冒。很多翠綠晶瑩的舊款翡翠首飾多產於上面四個地區。但經過幾百年的開採，上述很多舊坑已近採空，現時很難見到這些老坑口的翡翠。當今較出名的坑口有帕敢、麻猛彎、帶卡、南琪、木坎、莫魯及後江等等。不同坑口出的玉石，大小不同，皮殼不一，質量也有差異。

雖然一直深受中國人喜愛，自二十世紀初，歐洲知名珠寶公司也開始推出以綠色的翡翠為主題的寶石飾品，那鮮嫩的翠

綠也深深吸引各國王公貴族的喜愛。在國際拍賣會上，常常見到高價翡翠的芳蹤，而且價格不菲。顯見翡翠已跳脫東西文化的藩籬，成為人們珍藏的對象。

因為價高，寶石成為蒐藏的對象與身分地位的象徵。購買與鑑定寶石成了一門很大的學問，不只是色澤、淨度；寶石的切割與拋光，甚至鑲嵌的技術與設計都構成市場上價格考量的因素。所以在出產地

難以見到真正質佳的高價珠寶飾品。到緬甸選購寶石也僅能當作紀念品，千萬不要以為能夠以較低的價錢買到高品質的寶石。

二 曼德勒

有位緬甸女郎坐在毛淡棉舊佛塔旁，慵懶地望著海

我知道她在想我，因為風在棕櫚樹間輕響，

寺廟傳來的鈴聲似在訴說：「回來吧，英國的戰士， 回到曼德勒來！」

回到老式小船隊淌洋的曼德勒吧；

你聽不到他們的槳從仰光拍擊到曼德勒的聲音嗎？

注曼德勒的路上，飛魚嬉戲著，晨曦則似雷電般越過海灣而來！

她的黃裙子配著小綠帽，她叫做蘇琵瑤拉，就和席巴女王[註1]的名字一樣，

我先是見到她抽著白得不得了的方頭雪茄煙，

把基督徒的吻浪費在異教神像的腳上———到處可見的泥製神像，他們稱作偉大的神。

她站著讓我吻的時候，一面還勇敢地照料神像！

就在注曼德勒的路上...

當薄霧籠罩在稻田上，太陽緩緩沈降，

她會取出她的小五弦琴，

唱著「庫拉拉囉！」胳膊放在我肩上，面頰貼著我面頰。

我們總是看著汽輪和堆得老高的柚木———大象在泥濘小溪堆高的柚木，

那裡死寂得讓你嚇得不敢講話，

就在注曼德勒的路上...

魯迪亞‧吉卜林(Rudyard Kipling) 翻譯 / 劉耀舜

但那一切已是前塵往事，早就如過眼雲煙。
從銀行到曼德勒沒有公共汽車，而我現在在倫敦聽從軍十年的戰士說：
「假如你聽到東方在呼喚，你永遠不會再需要什麼。」
不！你永不會再需要什麼
——除了那些辛辣的大蒜氣味、陽光、棕櫚樹以及叮叮噹噹響的寺廟鈴聲，
就在往曼德勒的路上...

我已厭倦於在這些粗砂道上浪費皮革，
而英國的毛毛雨也令我骨頭裡的熱病甦醒，
雖然我與五十個女僕從卻爾西區散步到海濱，她們也談了許多情事，
但她們又瞭解什麼？滿臉橫肉，兩手骯髒，
唉！她們又瞭解什麼？
我在更乾淨、更綠的土地上可有位更好看、更甜美的少女哩！
就在往曼德勒的路上...

將我載到蘇伊士東邊的某個地方吧！
那裡最好的就像是最壞的，
那裡沒有十誡，人們可以表達渴望；
因為寺廟鈴聲已響起，而我要去的正是那裡——
就在毛淡棉舊佛塔旁，慵懶地望著海；
就在往曼德勒的路上，那裡有著老式小船隊淌洋，
我們去曼德勒時在甲板天蓬下暈船，
就在往曼德勒的路上，飛魚嬉戲著，
晨曦則似雷電般越過海灣而來！

詳見聖經舊約列王紀上第十章：所羅門王的財寶與智慧都勝過天下的列王，席巴女王(Sheba)帶了許多香料、黃金和寶石來到耶路撒冷，準備和所羅門王交換禮品；她同時也準備了許多難解的話試問所羅門王，但是所羅門王將她所問的都答上了，沒有一句不明白、不能答的。席巴女王見識到了所羅門王的智慧而大感佩服，更對所羅門王所信奉的上帝大力讚揚。

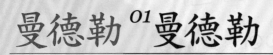

曼德勒 ⁰¹曼德勒

今天如果你來到緬甸，仍然可以像吉卜林一樣搭船從仰光抵達曼德勒，沿途的風光與十九世紀相差無幾。但是除非時間充裕，一般旅行者還是選擇搭乘汽車火車甚至飛機。曼德勒新建的機場甚至比仰光機場大，是緬甸設備最好的機場。

北方大城曼德勒是屬於工匠藝術的城市，集合全緬甸的石雕與木雕精品。從市區以北開採雪花石膏石供應了石雕的材料，從撣邦高原砍伐的柚木，運來這裡也近，加上曼德勒省的摩谷(Mogok)盛產寶石，簡直是個聚寶盆。所以曼德勒在緬文的意思就是多寶之地。

仰光從英國殖民時期開始，一直到現在都還是全緬甸最時髦的城市。而曼德勒則因為最後一個皇室奠都於此，皇室虔信佛教，甚至在面對強大的帝國主義侵略的陰影之下，敏東王於西元一八七一年召集二千四百位高僧，在首都曼德勒舉行史上第五次佛典三藏集結的盛會。佛法講學的風氣很盛，高僧雲集，可謂人文薈萃。

曼德勒古名阿瓦，自西元一三六四年撣族的實皆(Sagaing)系統王族，達多明比亞王(Thadominbya)建都阿瓦城開始，往後五百年緬甸各朝代都以阿瓦為首都。所以對於緬甸人而言，曼德勒象徵緬甸被殖民之前的舊文化，是傳統價值的所在。市區雖然熱鬧，但是不像仰光車多人也多，感覺比較悠閒。尤其皇城護城河外的林蔭大道，早晨時分車輛少，可以在這裡騎著腳踏車或是慢跑，很舒適。

曼德勒 02 佛也要洗臉

貢榜王朝的孟雲王（Bodawpaya）於西元一七八四年出兵滅了若開邦（Rakhine State）的阿拉干王國，將阿拉干全國尊為守護的大佛像與其他青銅像都用船載回阿瓦，並於一七八五年建了摩訶牟尼佛寺（Mahar Myat Muni Pagoda）來供奉這尊大佛。那些虜來的青銅像，至今在佛寺中猶可見到。

摩訶牟尼佛寺位曼德勒市的西南區，此佛寺在曼德勒備受崇敬，青銅鑄造的摩訶牟尼佛寺（Mahar Myat Muni Pagoda）大佛像，連底座有四公尺高、六點五公噸重。寶冠上鑲嵌了鑽石、紅寶石與藍寶石。

每天天還沒亮，寺院就擠滿了虔誠的信徒，於凌晨四點三十分舉行儀式由僧侶擦拭佛像的臉。

如果那麼早起不來沒關係，寺院裡的管理人員會將擦拭佛像的布裁剪開，與清洗佛像的水一起分裝，供民眾請回去。據說拿來洗臉會變得比較莊嚴，適合拿來送給女性朋友。你會發現緬甸佛教徒是對這尊大佛像如此虔敬，以至於佛像的身上貼滿了厚厚的金箔，覆蓋了原來的形狀，好像穿了一件純金的衣服。

摄影 齐同男

曼德勒 49 佛也要洗臉

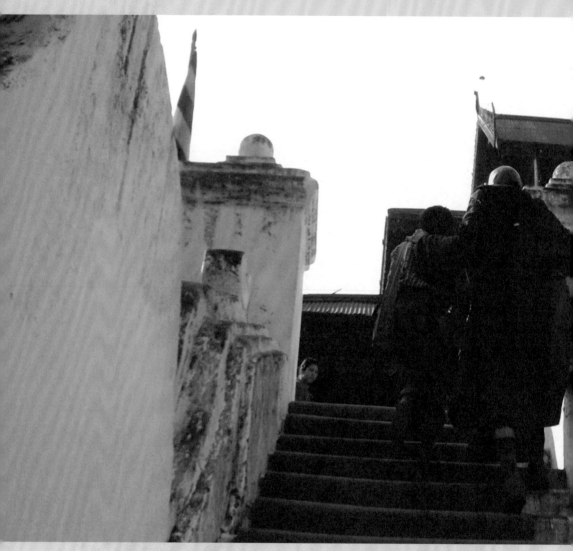

曼德勒 03 國王的靈魂徘徊不去——雪南達寺院[註1]

註1　此章節資料參考德國Dr.Annemarie Esche著作，於一九七七年出版的Das Goldene Kloster zu Mandalay。

殊的結構，因強烈的震撼而感到暈眩。雪南達寺院是十九世紀緬甸精緻木造建築的典範，也是木雕藝術的極致。

層層堆疊巨大的的瑞塔翁式（zei-ta-wun）屋頂，最高處有極其豐富叫做「a-saw」的火焰式的裝飾、叫做「sein-taung」的山形裝飾，以及叫做「daung」的頂部角，其上雕刻了為數眾多的鳥類的裝飾。在破風板以及扶手欄杆上炫耀式的繁複雕刻裝飾，標示著這建築物的皇室血統。

從主要入口處的柚木平臺上可見精心雕刻的欄杆與其上的大理石尖頂飾。欄杆上有許多作裝飾用的雕刻，蜿蜒盤旋的龍、人物栩栩如生的舞姿以及神話中的動物。許多內外牆壁鑲板上都雕刻了花與藤蔓，但是也有壁板的外表可以見到碎片，那是歲月的蹂躪的證據。很可惜地因為喪失了舊日好的品味與精密的雕刻技術失傳，有些部分被後來較差的複製品取代。建築物一度被金箔包覆，並且鑲嵌馬賽克圖案。現在遊客不准進入金碧輝煌的大廳內部，只能遠遠看著裡面巨大的柚木樑柱還有氣勢宏偉的天花板，以及大廳內那座著名的雕刻了佛像、Nat神像、精靈等的獅子王座的複製品。

尤其是關於這寺院的故事，更是迷離又有點淒美；亂世中的年輕國王，懷念他剛過世的父王，想藉由父親的「精神」幫助他統治國家，並且抵抗來自歐洲的侵略者。

第一眼見到這座寺院，即為其繁複而華麗的木雕裝飾所震懾。其華美的程度大概只有義大利拖斯卡那（Toscana）地區，古城席耶納（Siena）的主教座堂（Santa Maria del Fiore）可以比擬。華格納被教堂所感動，我也為這座寺院意味深長的雕刻藝術與特

「雪南達」(Shwe Nandaw Kyaung)字面上的意思是金地上的寺院。距今(二〇〇五年)已經有一百二十五年歷史的雪南達寺院,是曼德勒最重要具有歷史意義的建築物,因為這個「黃金宮殿寺院」是當年敏東王(Mindon)所建設十九世紀中葉的木製皇家宮殿－阿曼拉布拉宮 (Amarapura)中,如今唯一還保存下來的部分。

當年這建築是敏東王的宮殿,由現今玻璃宮－米亞南山克瑤宮(Mya Nan San Kyaw)的北方切割出來的部分,也是國王與他所摯愛的王后的起居宮殿。西元一八七八年,敏東王就在這屋子裡崩殂。他的兒子－末代緬甸國王錫保(King Thibaw r. 1878-1885)繼任王位之後常常在那兒靜坐。連續幾天下來,悲傷的國王在恍惚的精神當中,似乎見到已經過世的父親向他說話,於是他更不肯離開已故父王的寢宮。一個月之後錫保國王終於走出來,並且聲稱在這屋子裡可以強烈地感應到父王的精神,隨即有系統地將之拆除,於西元一八八三年在皇城東北方的阿圖瑪西寺院(Atumashi Monastery)[註1] 旁完整地重建起來。以此寺院來紀念敏東王。

二次世界大戰的時候,盟軍為了攻擊佔領緬甸的日軍,將皇城轟炸成一片瓦礫。而雪南達寺院因為錫保國王一念而奇蹟地保存下來。現在曼德勒的皇宮是重建的複刻版,缺少了往昔精緻的工匠藝術與舊時「國王們的精神」,只是座空殼子。

註1　Atumashi Kyaung在緬文的意思是「無可匹敵的磚砌寺院」。

曼德勒 04 具有儒家人文風格
的寺院建築

如果雪南達寺院是雍容華貴的皇家貴婦，那雪印濱佛學院就是一位風雅的文人雅士。於西元一八九五年由華人殷商建造，號稱戒律最嚴格的雪印濱佛學院在緬甸極受敬重，也出了許多高僧。

來到聞名的雪印濱佛學院，緣起於齋僧·緬甸人篤信佛教，根據佛教經典記載，供養一千名僧眾，其中必會有一名羅漢[註1]前來受供，因此供養千僧就是供養羅漢，

對於佛教徒而言，供養聖僧是種至高的功德與福報，他們認為供僧是一件相當神聖的事，供養一名僧侶的功德，遠較行善濟貧來得殊勝。齋僧始設之原意在於表明信心、歸依，後漸融入祝賀、報恩、追善之目的，而使齋僧更形普遍化。在中國，最盛行僧齋法會的是唐朝時代，於大曆七年（772）、貞元年間（785~805）、咸通十二年（871）等，都曾經舉行萬僧齋。

攝影｜李信男

　　自二〇〇二年開始，由心道法師帶領的靈鷲山教團發願在緬甸連續三年供萬僧。相較於台灣出家眾人數有限，一場動輒供養數千名僧侶的浩大場面與莊嚴的誦經聲，機緣相當難得，光想像那種盛大的感應力，其成就的功德，實在無與倫比。來朝聖的民眾對於自己有機會能夠供養萬僧，這樣難得的機緣充滿喜悅與感激。

　　佛學院那精緻而素雅的建築與雕刻很容易就令人升起敬畏感。緬甸的供養儀式中，比較特別的是「滴水功德」與「抬桌供養」。所謂「滴水功德」就是一邊念誦經文，一邊將水倒到杯子裡面，象徵供僧所獲得的一切功德，回向給一切眾生皆得覺悟；願它如同一滴水，獻給諸佛為利益一切眾生的事業大海。「抬桌供養」則是在受供養的僧侶用餐之前，獻供的信眾合力將圓桌抬起來，代表對於僧寶[註2]的尊敬。

　　這種精神就是利己利他，作功德不僅只是為了一己，也要將所獲得的利益與萬物共享，這種崇高的精神深植在每個佛弟子的心中。

　　與雲南達寺院一樣，完全柚木建築的構造讓我聯想到日本京都洛西大覺寺的寢殿，還有京都御所的紫宸殿、清涼殿，那種木造高床式的寢殿造建築，同樣迴廊寬廣的木造平台。少了雲南達寺院那沒有節制的雕刻裝飾，不會造成視覺上的負擔。而兩間佛學院天花板宏偉的高度，與豪氣的以整棵柚木為柱，那種氣勢應該是緬甸人的豪邁吧！

註1　解脫輪迴，生死自在的聖僧。
註2　三寶之一。三寶，梵語ratna-traya，巴利語ratanattaya。係指為佛教徒所尊敬供養之佛寶、法寶、僧寶等三寶。

曼德勒 ⁰⁵聖地

綿亙在曼德勒西南二十一公里的實皆山，東偎伊洛瓦底江。於一三一五年，在蒲甘王朝滅亡之後，緬甸進入戰國時期，實皆地區曾經是撣族當中一個獨立的王國的首府。它作為重要的地位的時期很短暫，直到一三六四年 達多明比亞王滅了另外一個王系品雅(Pinya)奠都於此。現在實皆山成了有名的禪修聖地，緬甸全國各地的許多僧侶與信徒來到此地進行閉關或修行。

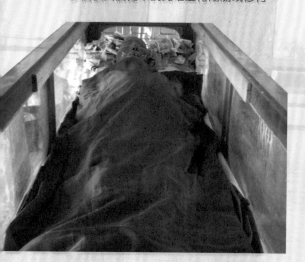

圖說：達思妮佛學院的肉身菩薩

一旦越過茵瓦鐵橋(Inwa Bridge)，你將看到座落著許多佛塔的山頭，超過六百間修院，住著許多潛心修行的比丘與八戒或十戒女尼，以及來此學習禪修的佛教徒，象徵了佛法給予苦難生活的人們一處心靈的庇護所。建造於一三一二年的孫烏彭尼亞辛寺院(Soon Oo Pon Nya Shin)是實皆山最適宜觀景之處。

此行的目的地是達思妮佛學院，這間佛學院有一位高僧成肉身菩薩。這位高僧修行的法門很簡單，就是不斷地稱佛的十個名號與內觀禪修。寺院的住持說，高僧圓寂之後，遺體繞行曼德勒市區，舉市哀悼。高僧立遺囑要徒弟們保留他的肉身，為後人示現修行的成果，並且證明佛陀的教法是真實不虛的。

誰說南傳佛教是小乘！緬甸的高僧們除了自己精進修行，還努力將佛法保留下來，讓人們都有機會能夠得到解脫。

攝影 李信男

曼德勒 *06* 曼德勒的蒙馬特

象徵君臨曼德勒高二百四十公尺的曼德勒山丘，像一座巨大的佛塔矗立在平坦的城市上。實際上所有來到緬甸的朝聖者，往常都是經過山丘南方的一千七百二十九階的階梯徒步登頂，入口處有宏偉的欽提（chinthe，一種半獅半龍的神獸）守護著。不過現在的人大多以比較省力的電扶梯到達山頂。不管藉由什麼方式登上山頂，都能夠享受到壯麗的都市全景：舊皇城堡壘在陽光之下閃耀如銀帶的伊洛瓦底江，以及更遠的撣邦山脈。緬甸人相信佛陀曾經數次到此山講道，並且預言在這山丘底下將會出現一座虔誠而篤信宗教的城市。

蘇東吉佛塔（Sutaungpyi Pagoda）在這神聖山丘最高處，塔的尖頂就像是山的一部分。建造的年代久遠不可考。有個說法，這佛寺是蒲甘朝的阿奴律陀王（Anawratha）於一零五二年所建造。可以肯定的是接下來作為寺院贊助者與庇護人，負責修繕與整建的是貢榜王朝的歷代國王。佛寺的牆壁全部鑲嵌了玻璃馬賽克，很有印度風味。

走累了坐在通往山下的台階上，整個城市平原盡收眼底。東方人不流行街頭藝術，不然這兒的景緻實在很像巴黎的蒙馬特山丘上，聖心堂後方「達利藝術中心」旁的台階。常常在想，旅行的時候應該隨身帶著樂器，不過每次都因為嫌麻煩而作罷。下次再來的時候可以在此即興演奏一曲，以饗當地民眾與遊客。

曼德勒 07 豎杖理民的回教徒長官，烏汴 U Bein

時間緩緩流過　彤塔曼湖(Taungthaman　Lake)　腰枝款擺　夕陽下的南國婦女　烏汴橋

　　幾乎可以成為緬甸代表景色的「烏汴橋落日」，全長一千二百公尺，完全由柚木建造的烏汴橋，位於曼德勒的南方約十一公里的阿曼拉普拉（Amarapura）。

　　曾經是貢榜（Konbaung）王朝的古都的阿曼拉普拉以烏汴橋（U Bein Bridge）而馳名，是全世界唯一的柚木大橋。建於一八四九年，完工於一八五一年，越過彤達曼湖（Taung Tha-man），全長一點二公里，共有一千零八十六根柚木柱子，四個小休息亭和九個提供雨季漲潮時上下船的小渡口。

　　這一座柚木橋並沒有用上任何鐵釘，柱根上頭造型是讓雨水能順暢流下，而之字形的橋身乃為針對狂風和大浪，挖入湖床底的柱子百餘年來屹立不搖。這座百年柚木橋雖然看起來搖搖欲墜；然而因為柚木百年不朽的耐用特性，所以至今仍然屹立不搖，成為特殊的景觀。

　　就跟緬甸其他小鎮沒什麼兩樣，阿曼拉普拉唯一不同的是經常在下午時分駛入遊覽車。觀光客一下車就迫不及待地走上柚木橋，然後有為數不多的小孩或青年會靠過去，也許他們之中有些人就是靠這樣與外國人攀談而學會流利的英語。

　　想起來有點傻，來到這裡要跟所有的觀光客一樣走完橋的全程，來回共二點四公里，若非時間充裕，可能要小跑步了！除了漫無目的的走來走去，還可以租船遊湖，從橋的東側湖面上觀夕陽，橋上腰枝

款款擺動，頭頂著大盆子的婦女走過，小孩腳步輕盈，以及牽著腳踏車的青年。人們都靜默，以好奇的眼神彼此招呼、問候。橋上的夕陽情景彷彿就是緬甸式生活的縮影，當地人對於旖旎的風光視若無睹，一貫緩慢的步伐踏在珍貴的柚木上。往日逝矣不可追，看似遙遠的盡頭頃刻間便迅至，

或許我們看不見死亡；它卻常常無預警地出現，不管你是否準備好了沒有。

棄船之後來到湖邊露天咖啡休憩，這小店是專為觀光客而開設，也供應晚餐。你可以在這裡從黃昏一直坐到天黑，看完了夕陽看星星。

這座屹立不搖近兩世紀的柚木橋，背後可有一段人情味的故事。烏汴是人名，為當年一位行政官員。古時一下大雨，雨水滾滾從山上流下地勢較低的彤達曼湖，附近鄉村居民就難越過被雨水造成的湖到對岸經商，雖然能搭乘小船，但遇到風雨及急水時往往非常危險。我們這位行政官員取得被遺棄，來自茵瓦舊皇宮的柚木，他決定建造一座木橋，並親自監工，利益了兩岸的百姓。信奉回教的行政官員烏汴，對於異教信仰的人民做出更多貢獻，他的故事證明了不同宗教信仰，彼此之間仍然可以互相關懷與照顧。

C
H

CHI
SIAT

三、品塢倫

花之地
花香掩蓋不了咖啡香
走入電影中
全球共通的肢體語言一足球
人工美女雖美，還是天然的尚好
沮喪嗎？到山中尋找彩虹吧！
不願離去的佛

品塢倫 ⁰¹花之地

一個國家往往因為地區的差異,而顯現出她不同的風貌。除了佛寺與聖地,緬甸還有其浪漫的一面。品塢倫位於撣邦,曼德勒北方六十公里處,海拔一千零七十公尺,夏季溫度最高為攝氏三十六度,冬季最低溫度為攝氏二度,面積約二平方公里的山城。擁有四個名字－品塢倫(Pyin U Lwin)、眉苗(Maymyo)、花城(Banmio Do)、花之地(Cherry Mi)。

即將抵達時,在小城外的路邊一排賣水果與花的小舖子迎接著來此訪問的遊客,讓遊客先嗅到花果的香味,並且宣示著,你已經來到名符其實的花城。四季皆開滿繽紛花朵,又有田園景緻以及瀑布景觀的世外桃源,也是英國殖民時期,英國皇室與官員最喜愛的避暑渡假聖地。

品塢倫 ⁰² 花香掩蓋不了咖啡香

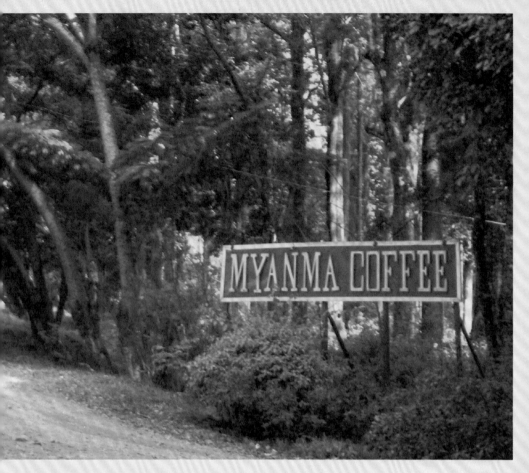

　　當初只想到品塢倫散步，並且喝杯咖啡。幻想在充滿英國風味的小城，或許在花園中，繁花簇擁下聽著鳥鳴，一邊曬太陽一邊喝杯芳醇的咖啡。然而實際情況總是有出入，而且與想像中不太相同的情境。

　　是巧合吧！進入城鎮之前發現路邊個咖啡農場，是政府經營的國有農場。想要來此喝咖啡，又剛好這裡出產咖啡豆子，真是好兆頭。一般路邊小茶館只有提供三合一咖啡包，倒是旅館每天早餐無限量供應的熱咖啡香醇好喝，為寒冷的早晨帶來

一絲暖意。坐在花園裡有如玻璃暖房的早餐室喝著咖啡，等待朝陽驅散薄霧，心門慢慢開啟準備迎接美好的一天。

　　其實小城中還有一家法國人開的咖啡店「Golden」，裝潢很像星巴克Starbucks，（但是「Golden」咖啡的品質絕對超越Starbucks），也有賣那堤（Caffe Latte）。深炒新鮮的咖啡豆，就像在歐洲喝的口味，我習慣以「豪爽」來形容那種口感。連仰光跟曼德勒的五星級飯店都喝不到這麼好喝的咖啡呢！

品塢倫 ⁰³ 走入電影中

前面提到跟預想中不一樣的情境，因為沒想到這裡還停留在十九世紀英國殖民時期的模樣。不管是花園洋房還是路邊商店的建築，甚至連馬車都維持古老的樣式。中軸線－主要道路上有一個鐘塔，當年維多利亞女王送了兩座一模一樣的鐘塔給她所喜愛的殖民地城鎮，一座在此，另一座給了南非開普敦。鐘塔配上許多都鐸式建築的花園洋房，來到這裡有如置身在電影「熱與塵」的場景裡。這條貫穿城鎮的公路從曼德勒到此，然後往北可以通臘戍一直到中國雲南。在市場對面有一家專門放映印度電影的戲院，以及不遠處的清真寺，都讓人有身在印度的錯覺，市場裡面也有許多印度或是尼泊爾人開的商店。

在市場前等待司機接送的時候，有位和善的印度人來跟我聊天，原來是市場裡面毛衣商店的老闆，親切地詢問客從何處來。問他生意好不好，笑得很開心，只說如果有需要歡迎參觀他的商店。在緬甸，生意人跟遊客攀談不見得為了做生意，常常是因為好奇。

為了這幾天的高地旅行，特地到市場買鞋子還有保暖的毛衣、化學纖維製的圍巾、帽子跟手套，雖然質感粗糙但是可以擋風，這時候所謂名牌或是細緻的質料都不重要，也不實際了。除了毛衣以外，其他物品都是從中國進口的，因為緬甸並沒有製造業，除了基本的農產品，一切民生用品幾乎仰賴中國進口。便宜有便宜的好處，壞了或是旅行袋塞不下去的時候可以放棄而不覺得可惜。

品塢倫 *04* 全球共通的肢體
語言—足球

路邊有個不大的沙礫地足球場，小朋友們奔跑追逐的時候總是揚起一片漫天沙塵，比較大方的小朋友見到我在拍照，跑來要糖果。走遍各地，從非洲、歐洲，一直到亞洲，各國對於足球運動的瘋狂是有志一同的。在緬甸全國，不管是高山，城市，海邊，甚至連寺院裡面的俗家學生都熱愛這項運動。

前一個晚上看到電視上HBO頻道預告，第二天泰國時間下午七點，將播放『哈利波特』。來緬甸這麼多天，實在有點懷念小波特，交代了司機要趕時間回飯店。看到一半竟然變成足球賽轉播，中途被打斷實在生氣，跟櫃檯說了之後很快便恢復電影頻道。可是過了一會兒，又變成足球賽

轉播。心裡想這家飯店的服務真差勁，又跟櫃檯抱怨。這次大約維持幾秒鐘，小波特才念了一個咒語，馬上又變成足球賽。看片子的心情被破壞殆盡，早早就嘟著嘴入睡。

直到隔天起床，聽司機說才知道，住在附近許多人家都跑來旅館看足球賽轉播，因為昨晚是亞洲盃足球賽，緬甸代表隊對泰國的實況轉播。緬甸大部分人家沒有電視機，所以都來旅館看電視轉播。知道這個事實之後，內心感到很慚愧，竟然跟沒有電視機的人們搶頻道。

品塢倫 ⁰⁵ 人工美女雖美，
還是天然的尚好

○年由林業公司負責管理，主要是為了培植花種，與植物相關研究。那時的植物園包含季節性花園、蘭花園、岩石花園、大理花園和玫瑰花園。根據一九四二年的一份紀錄，光是蘭花就有多達一百七十八個品種。目前的緬甸當局則是以培植本國觀賞植物，與展出罕見的動物為主，以招徠觀光客。也是緬甸境內比較具規模的大型花園。

目前坎達基國家公園（National Kandawgyi Gardens）佔地一百七十四點八公頃，裡面分為許多區域，除了擁有一百三十三種蘭花的蘭花園，還有擁有四百八十二種樹木的森林、人造瀑布與噴水池，七十九種竹子的竹林，岩石花園，甚至還有培育藥材的苗圃。花朵則種植了許多外國品種，例如鬱金香、百合、各種鳶尾屬的花、小蒼蘭、三色菫和各種顏色的牽牛花。

除了廣大草坪上的人工花圃很假，整體上造景還算優美，依稀可以見到傳統英國式園藝造景的風格。最美的風光要數橢圓形湖畔的兩岸，一邊是湖畔林間小徑，此處人跡絕少，悠閒地漫步期間不會受到打擾。另外一邊往西行，過了湖中小佛塔之後，水邊種植許多觀賞水耕植物、鳶尾屬的花，還可見到蘆葦。湖中悠遊的黑、白天鵝與水鳥。如果時間充裕，在此度過一整天美好的時光很不錯。

花園是英國殖民時代於一九一五年，由植物學家艾力斯·羅傑（Alex Rodger）先生與古菲（Cuffe）女士將這片佔地九十六公頃（二百四十英畝）擁有湖跟廣大草地與森林的土地開發成植物園，於一九一七年交由殖民政府的農業部門負責，並於一九二

花園中有一個度假飯店，位於湖濱，整體景觀與環境非常好，只可惜是國營飯店。緬甸的國營飯店通常佔據景觀最佳的地點；但是房間裝潢、服務態度與收費水準落差太大，所以鮮少遊客入住。另外有個外觀醜陋的觀景塔，必須走很遠的路，上塔還要收巨額費用－美金十塊錢。

來到這樣的花園，總是讓人想要野餐，只可惜緬甸沒有熟食店。在花園裡除了少數歐洲遊客，可見到許多無憂無慮的學生，他們的穿著與一般緬甸青年比較起來光彩許多，對待陌生的外國人都一樣活潑與熱情。一群撣族(Shan)青少年敲鑼打鼓，並且舞獅(其實是馬或牛的頭)。原來今天是撣曆的新年。傍晚在一間中學的操場有慶祝活動，不過都是用擴音機，也穿插了一些流行音樂。

其實緬甸的天然風光就已經很棒，外國遊客不需要再花錢買門票參觀人工設施。把錢留給一般平民賺，是大家一致的認同。

品塢倫⁰⁶沮喪嗎？到山中尋找彩虹吧！

旅館附近都是舊時殖民政府官員曾經住過的花園洋房，修剪整齊的樹籬，松柏蓊鬱，氣氛恬適，是個優雅的居住區域。這區域有一超過百年歷史，英國國教的「聖母堂」（Immaculate Conception），是一座有鐘樓的磚造教堂。然而簡樸的外觀不能掩蓋其內部的莊嚴典雅。聖水台位於與祭壇對稱的小禮拜堂前，祭壇的穹頂由船型骨架支撐，陽光透過五面天窗照射到樸素的祭壇，真的有如教堂的名稱，宛如聖靈從天而降。

宗教撫慰人們心靈的空虛，然而人類更離不開大自然。距離城鎮八公里處，有個三層瀑布「阿尼沙剛瀑布」（Anisakan Waterfall），隱藏在峽谷裡十五分鐘的腳程，直到走上岌岌可危的吊橋上聽到轟然巨響，才開始體會那種聲勢。在繁茂的樹林間，白色水幕從天而降，到了第二層水道加寬，直到第三層，最寬也是高度最高，水已平順許多，沿著巨大岩石流瀉而下，水面激起泡沫和霧氣。兩位大約四十來歲的女士脫掉衣褲僅身著泳裝，迫不及待跳到水裡。

在陽光照耀下，瀑布隱約出現彩虹，泡在水中的女士們興奮地喊著「Look, the rainbow！」

另外一個瀑布是城鎮附近的培考克瀑布（Pwe kauk Waterfall），這兒是當地人野餐之處，瀑布無甚可觀之處，倒是旁邊的田園風光秀麗，鄉間小徑一路延伸而去不知盡頭，田野間工作的農人與小孩就像是一幅風景畫，極目可見地平線。在販賣田

裡種植的蔬菜與水果的小攤上，紅豔欲滴的草莓盛放在小竹籃裡面。想要馬上吃卻無淨水，索性拿礦泉水來洗滌，蹲在地上吃起來。司機可能嫌不雅觀，吃了兩個就不吃了。

品塢倫 *07* 不願離去的佛

請不要以為緬甸的神奇故事都發生在遙遠的古代，這間金碧輝煌的佛寺源起於一則傳奇，而這傳奇的故事就發生在五年前。

五年前一輛卡車載運巨大的雪花石雕刻的佛像要到中國，途經此處突然熄火。經過修復之後，卡車準備繼續上路，不料才走沒多遠竟然無故翻覆。人們議論紛紛，認為是佛要在此處安身落腳，就在山頂上建了納翁卡基佛塔寺(Naung Kan Gyi Paya)。而卡車翻覆的地點也築籬圍起來，以茲紀念。

納翁卡基佛塔寺裡面那尊傳奇的佛像非常華麗而莊嚴,佛寺的建築也很簡潔,只有白與金兩種顏色,看起來很時髦。慕名而來的都是緬甸人,見不到外國遊客。他們都是依循旅遊書「Lonely Planet」的介紹,對於新建的佛寺沒興趣。其實這山頂的視野非常好,早上的日出,傍晚的夕陽,白天遠眺地平線,夜裡觀星,甚至冬天在這裡曬太陽,夏天吹吹山風都很棒。

佛要留下來度化眾生,而我們卻不得不離去。讓我們從品塢倫開始,一起去探訪緬甸壯麗山河,親身體驗大自然奧妙的起點,認識這個國家的多樣面貌。站在這個山頭眺望,為這個世界所感動,並且因體驗自己的渺小而謙卑。

四、葛勞

WELCOME TO PINELAND

葛勞 ⁰¹ 久在樊籠得返自然

早晨起床，坐在餐桌前喝熱牛奶。柔和的晨光為屋子帶來一點生氣，我還從昨夜的美夢逐漸恢復意識當中。突然發現一隻蚊子在昏暗的光線中飛翔。牠的姿態像極了老鷹，優雅地從我眼前滑翔而過。瞬間陷入回憶彷彿跟著老鷹飛到緬甸撣邦高原的山脈，拜訪世代隱居崇山峻嶺間的民族。

葛勞Kalaw又稱柚木之鄉Pine land，從品塢倫開車到葛勞，要八個多小時的車程。先往南，曼德勒的方向行駛。這一條路直又寬且平坦，路況很好。這條高速公路是由私人公司所舖設並且維護，從仰光往北可以到臘戍一直到中國，是緬甸最好的公路之一。而其他的公路因為政府窮，舖設技術差，又少做維修保養的工作，所以在緬甸以汽車旅行得忍受顛簸之苦。

沿途的風光在進入高地之後逐漸改變。前方筆直的道路一眼就可以看出地形的高低起伏，兩旁遼闊的紅土原野，像美國的大西部。迎面駛來鐵牛車，車上擠滿了十來個人，這些人都是帕烏Pa-O族。

在首都仰光跟第二大城曼德勒，不准車頂上坐人，只能在車後「外掛」。離開這兩個都市之後，人們簡直像是在表演特技，車裡塞滿了不說，連車頂都坐了好幾個人。舊式的巴士車頂裝了鐵架，那是為了放置行李，行李掉下來可以再撿回去，人若掉下來就非死即傷了。每次在崎嶇又迂迴的山路上看到這情景，都替他們捏一把冷汗。聽當地人說，常常發生整個車子翻覆，甚至掉落山崖的事件。

越往高山路越難走，都是石子路。加上山道蜿蜒，實在不好走，開車的人除非技術好，否則是很危險的。

沿路的路旁遍地都是美麗而鮮豔的花朵，令人驚艷。這些都是自然生長，並非人工栽植。天然妝點與「粗獷」的路況，還真是完美的搭配。也因此雖然長途跋涉亦不覺苦。附近的山脈除了山坡地種植許多橘子。有些路段的兩旁也有整齊高大的尤佳利樹，寬廣且平緩起伏的棕色休耕農地，整體景觀像極了北國秋色。

　　抵達葛勞已經將近下午四點。有個牌子立在路邊寫著「Welconme to Pine Land」。這塊華麗而略顯驕傲的路牌，說明了這裡是柚木之鄉，就是緬甸出口經濟大宗的柚木林區。這裡也是緬甸政府推行觀光的重點之一，從早上品塢倫出發時穿著厚重的毛衣，一直到下山脫到剩下短袖T恤，抵達時已經再度把毛衣穿上並且套上薄薄的外套，溫度隨著海拔升高而降低。葛勞位於海平面標高1320公尺的高原，夏季涼爽冬天乾燥而寒冷，白天大約攝氏15至20度，夜裡經常都是10度以下。

　　葛勞Kalaw是個海拔一千三百二十公尺的山城，在英國殖民時代是個避暑勝地。由一條公路貫穿。房子都隨著山勢而建，聚集在公路的兩側。景色有點類似品塢倫，都是融合印度跟英國風格的商店建築。雖然房子舊，但是街道上整體環境整潔清爽。

　　葛勞Kalaw風光優美，山城附近的主要的居民有擺夷人Shan、帕烏族Pa-O、廓爾喀人Gurkha（尼泊爾的一族。英國殖民時代，傭兵以驍勇善戰著稱）、信奉回教的印度人、緬人，但是來到這裡最特別的還是去拜訪帕朗人Palaung。

葛尺勿

莫讓不能得返自然

葛勞 *02* 黃綺之商山 伊人亦云逝

早上七點，雖然太陽已經出來，溫度還不到十度，仍然非常寒冷，乾燥的冷空氣有助於醒腦。旅館也會準備充足的好喝緬甸產的咖啡，一般來說要拜訪帕朗族 Palaung 得下到山谷中，走兩個多小時，然後登上位於另外一個山頭的村莊。當局規定旅客需要僱用一個當地導遊，可以在街上找到，也可以請旅館安排。

導遊說這附近總共有九個村莊，六千多居民。他是一個又黑又瘦，縮著脖子臭著臉的青年。約定的時間還未到，就已經坐在旅館院子的長椅上等待。

走在谷中，除了鳥叫，再沒有任何聲音。穿越一片松樹林，松香隨著尚未完全飄散的霧氣繚繞，恍若進入秘境。腳底紅土小徑旁盡是小小的黃色芝麻花，遠處斜坡上的柚木林間隱約透露出曙光，景觀非常壯麗。

到葛勞的途中見到許多橘子園，這裡也有。這季節的緬甸到處都吃得到橘子，跟台灣的椪柑很像，喜歡味甜橘子的人一定很喜歡。

走了一個多小時都沒有見到半個人影，人都到那兒去了？早晨天氣寒冷，人們都還窩在屋子裡溫暖的火爐邊。路邊有一整片木材被焚燒的痕跡，看起來有點怵目驚心，讓人以為昨夜此處失火。導遊解釋，原來是因為夜裡寒冷，農人檢拾木材焚燒，為作物保暖。

說到寒冷，這才發現導遊的衣服單薄，除了瑟縮還有點發抖。取下圍巾給他，終於露出開心的笑容接下。這時才體會到太陽的溫度。

葛勞

93

黃綺之商山伊人亦云逝

走著走著，小徑前面冒出了一群牛擁擠在小路上緩緩走動，趕牛的少年將牛趕到兩旁讓我們通過。第一次這麼接近牛，還從牛群中間走過，我有點興奮又緊張，跟牛一樣緊張。那少年對我感到好奇，我對牛感到好奇，牛也對我感到好奇。牧牛的人每天都要這樣趕著牛群，走到幾公里外山的另一邊吃草。

路旁小徑邊有個竹編的高腳棚子，供農人或是趕牛的牧童歇腳用，對雙腳痠疼的訪客來說，有如海中救命的浮舟。我們在此作短暫的停留。

導遊介紹他自己叫做米謝勒 Michael，一個法文名子。問他是否會說法文。他自豪地說，除了緬文、英文，還會說法文。他說是因為認識一位法國人類社

會學家，跟他學習法文，這名字就是那位法國人幫他取的。聽他言談之間，似乎非常想念那位法國人。

由於坐下來休息，我得以仔細聆聽。前面那片竹林，葉子簌簌作響。而被竹林篩過的陽光化為碎片散落一地，不停移位。牧牛青年與牛群遠去，牛鈴與斥喝聲音逐漸細微，隨風隱沒在蜿蜒山道間。

像是舞台上的話劇場景，此時又出現了一個扛著鋤頭，體格黑壯的青年，是帕朗Palaung族的農夫。導遊似乎認識他，聊了起來。青年的笑容燦爛，詢問我從何方來。趁著導遊跟他解釋的時候，為他拍了一張照片。不過連導遊都不是很清楚台灣究竟在什麼地方，之前還要費力跟他解釋不是泰國，真懷疑他如何介紹我這寡民的「小國」？

到達村莊得爬一段很陡峭的山坡，沒有階梯。路雖是人走出來的，看起來實在

像自然生成的。帕朗人每天就這樣徒步上上下下，我想他們的身體一定比平地人強健多了。如果得以在此居住一年，身體也會比較壯吧！

正在胡思亂想之際，不覺間已經被引導，走到一間看似隨意搭蓋長長的屋子前。這就是聞名的「長屋」。帕朗Palaung人在十二世紀從中國南方來到緬甸撣邦高原，比撣族（擺夷族）還要早定居此處。

帕朗共分3支，有the Rumai Palaung（又稱the Riang-Lang）、the Golden Palaung與the Silver Palaung。除了緬甸，中國跟泰國的清邁北部也有他們的聚落。他們有各自的方言，大多數人也會官方的緬文，甚至英文。

捲入撣邦許多民族與緬甸歷代當局的抗爭事件中。所以來到此地縱然是外國人，言行也必須小心謹慎，不得觸碰敏感的民族與歷史問題。

我拜訪的是位於撣邦西北部，Pein Ne Bin village的銀帕朗人（Silver Palaung）。他們開朗而和善，但是偶爾會不自覺地露出堅毅的眼神。山民幾世紀以來過著與世無爭的日子，卻又常常被

他們居住的長屋非常有名，有木造也有竹子編成。不管用什麼材料建造，都離地約六英呎高。所謂「長屋」，可以居住許多人，有些長屋甚至居住了九個家庭。從屋子的一頭可以看見長長的另一頭，可以想見全部的人都回家後的盛況。

帕朗人非常和善，能夠和各民族和平共存，對於與外族通婚並沒有限制，所以數百年來他們與擺夷Shan還有帕烏Pa-O的文化已經融合得很接近。

長屋裡面有個年輕女子穿著傳統服飾在紡織，見到訪客來就放下手邊的工作，泡茶並且端出糖果與橘子饗客。而所謂的糖果，就是切割成小塊的粗製方糖，很有風味。

一位好奇的中年女士從隔壁跑過來，導遊請她展示她腰間的環狀箍，叫做nong，是結婚的女子才可以配戴。看女子

的nong可以顯示她的婚姻以及家庭狀況。nong的種類與數量多寡可以顯示這女子的財富,多半都是藤條或是竹條做的,再以染了顏色的棉線編織裝飾。在特殊的慶典節日,她們也會配戴銀製的nong。

屋子裡有個炕升著火,屋子的木板間有許多縫隙,根本抵擋不住寒風,晚上人們都圍著火爐睡覺。牆上有個懸空的佛口,供著香花。原來帕朗人都是信仰佛教,他們的村莊都一定有佛寺。但是緬人的多神崇拜－那陀Nat,他們也祭祀的。尤其是醫療、卜噬方面的問題,都是由女巫來處理。

從窗戶望出去,底下養著一頭小豬。粉紅色的小豬有著白色的毛,豬鬃是硬的。男主人看我在拍照,特地走過來搔弄小豬的肚子,愛撒嬌的小豬竟然舒服地躺下來,閉上眼睛一副很享受的表情,跟小狗一樣。

帕朗人的食物很簡單;除了米飯之外,魚乾、醃製的茶葉也是可口的下飯菜。由於居住在貧瘠土壤的山區,種植少量的稻米和茶葉、玉米、柑橘,並且飼養牛。

閒著沒事的村人蹲在路上邊抽煙邊聊天,路旁有村婦摘採茶葉(沒錯,茶樹就種在村中的路邊),摘採下來的茶葉都放在地上曬。

山裡面靜得出奇,佛寺中唯一的老比丘低頭摺紙,村中的學校正在上課,五個班級卻只有兩個老師在上課。另外三間教室的小朋友或是寫作業,或自習讀書。小朋友們看到訪客來,都不再關心他們的功課了。甚至有幾個小朋友不顧正在講課的老師,對著窗外揮手。黑板上寫著緬文與英文,少女一般年紀的老師正在教小朋友們識字。

葛勞 *03* Bonjour，madame !

日安，女士

歸程仍舊依照原路。不知道為什麼總覺得此境此景即將不再，頻頻回頭；小徑、小溪、小橋以及路邊的野花、從窗子裡探出頭，目送我的小小兄妹、田裡工作的夫婦　如夢似幻的桃花源，這一切是如此脆弱。人跟自然和諧無諍的關係，在我們的那個世界中早已消失許久。悲哀的是，夢境的代價是貧窮與落後的生活。現在他們為貧窮而感嘆，等到富裕之後又要為了自然環境被破壞而嘆息。

絢爛的陽光將山谷的綠意抹上一層金粉，宿霧已為朝霞所破。撣邦高原類似這樣景色的山谷以及山脈中的村莊還有許多，但是因為獨立問題引發內戰，許多地區根本就是封鎖的，遊客去參觀恐怕有生命的危險。

經過柑桔園，一對年輕的農家夫婦在整理採收下來的柑桔。農婦向Michel招手，要他過去拿橘子給我吃，農婦的善意撫慰我那為了即將離去而不捨的心情。

轉個彎，小徑出現另一組遊客與導遊。手拿橘子正開心的我，向著迎面而來的西方女士說：「Bonjour,madame!」（法文，日安女士）。Michel竟然傻傻地被騙，還問我如何知道她是法國人。

我想不只是我們，全世界各地的民族們也都在找尋避世的桃花源吧！

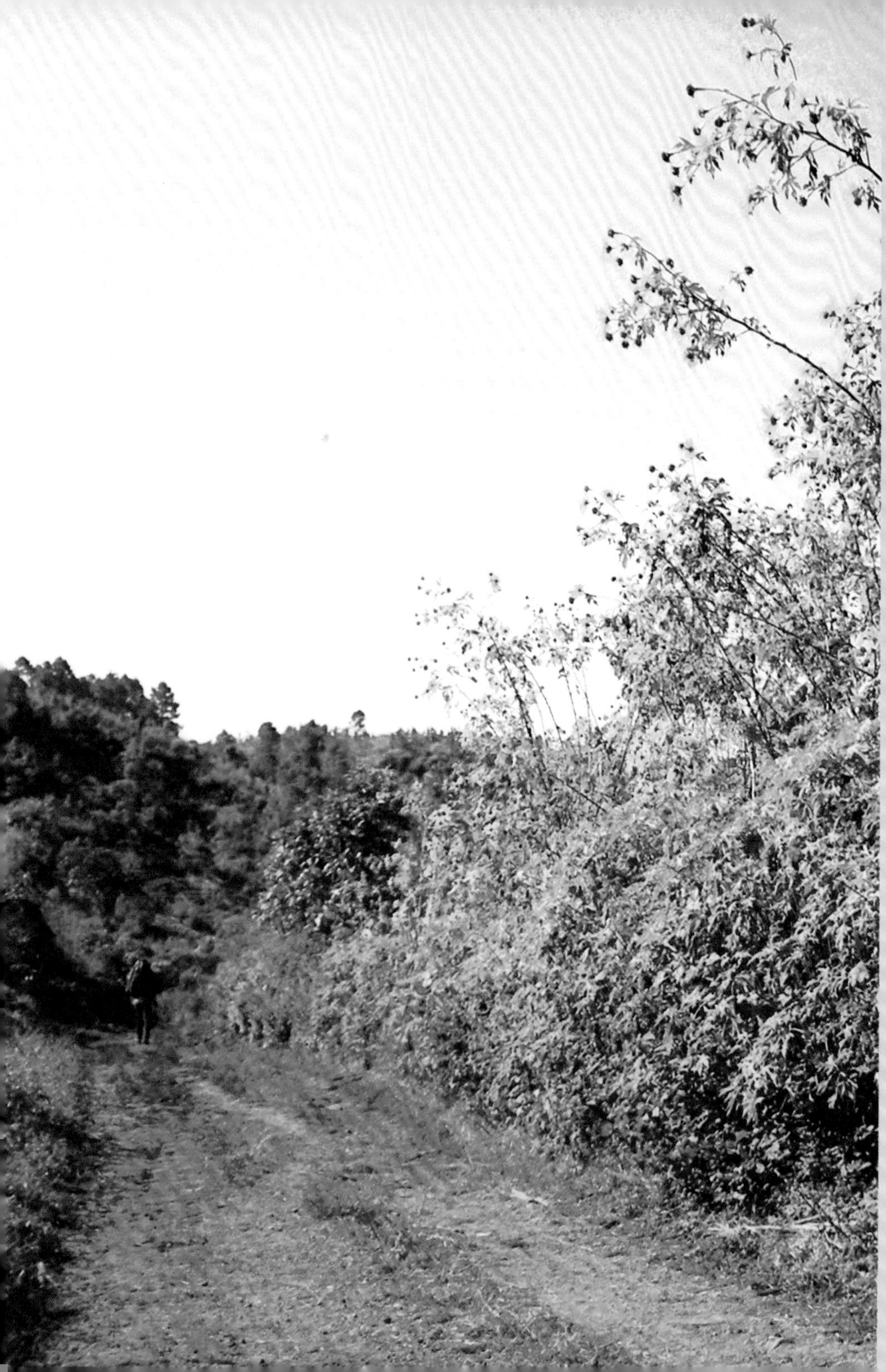

葛勞 04 滿月日的盛會——
跟著牛群走就對了！

THE OXEN TWAIN	雙牛

I can hear the cow bells ring, 　　我聽到牛鈴響
Ting and tong and ting. 　　叮噹叮噹叮
With ploughing done, my lover cuts. 　　親愛的人兒要去砍伐
Bamboos on the distant hill. 　　生長在遙遙山間的竹子
His oxen twain ,ha lets them loose 　　勤奮的雙牛，他解開枙
To browse and eat their fill. 　　盡情地吃嫩草，餵食飽飽

When he and I are wedded them, 　　在我們成親日
The fattened twain will play their part, 　　肥壯的傢伙們負有特殊職責
Wich jingling bells arounds their necks, 　　鈴鐺將掛上牠們的頸項
They will pull our dainty cart. 　　雙牛拉著我們雅緻的禮車上路

註1　緬甸詩歌，作者為Anonymous，由Maung Myint Thein翻譯成英文。

撣邦高原（Shan State）的茵萊湖附近
的景色一直是旅行者口中讚頌的天堂美景。
其中有個地方叫做翁班（Aung-Ban），位於
葛勞（Kalaw）、濱迪雅（Pindaya）與嘿何機
場（Heho）三地之間，翁班自古因為地處三
地的交會點，所以其繁榮的景況僅次於東
枝。不過自從英國人將葛勞作為避暑勝地
之後，翁班地位不若往昔，現在也僅是旅
客過路的一個小鎮。

　雖然對於旅客而言不是很重要，可是
在當地人的經濟生活當中還是有舉足輕重
的地位。五天一次的市集上聚集了附近鄉
鎮的農民來販售農作物，到此閒逛可以見
到各個不同的民族。攤販大多是婦女，從
她們臉上透露著精明幹練的聰慧。市集
上除了蔬果、肉類之外，還有來自茵萊

湖的各式魚產。也有給小孩玩的面具以及
一些中國製造的五金雜貨。在市集上也可
以見到高原自古流傳下來，治療疾病用的
草藥，從販售的貨品內容可以大致了解高
原人的生活方式。

那天早晨從葛勞出發的時候，看到許多人站在路旁等待公車，有位穿著綠色裙子的年輕女士對來往的車輛比手勢，司機說她是小學老師。原來不只小學生，連他們的老師都得穿綠色的裙子。司機徵求我的同意之後，我們的車子掉轉回頭去載她。

這位雙頰塗抹了香木粉的老師顯得有點靦腆，她就職的小學就在翁班，每天都是這樣攔陌生人的車，搭便車到學校。如果沒有租車，我應該也會以搭便車的方式旅行吧！緬甸的治安極好，根本不必擔心遇到壞人，話雖如此，單獨旅行的人還是要小心一點。司機很體貼的幫我問老師何

處有牛市，老師饒有興味地看我一眼，然後告訴了司機。

「先生您的運氣真好，今天剛好有牛市。這位老師知道地方。」司機盡責地報告。

約二十分鐘的車程即到達翁班，搭便車的老師開心地道謝，下車前說了大致的方位，並且提醒道：「跟著牛群走就對了！」。

　　有如朝聖的隊伍；一群緊接著一群，由牧牛人帶領，牛群無聲的走過，揚起漫天的塵土。我們跟著牛群的後面，從街上走到小徑，上了山坡走入松樹林。

　　牛市就位於松樹林的盡頭。所謂「牛市」，其實是個像牧場一般的場所。買主們早已經來到，在入口處對於牛隻們品頭論足。人與牛隻漸漸多了起來，場地非常寬闊一點也不會出現擁擠的情況。人們站著閒聊或是互相打招呼，整個氣氛熱絡且悠閒。這時候牛是主角，牠們可能從幾十公里外趕來，沒有被賣掉的牛待會兒還要走回去，所以牛兄弟們都趁著被估量的時候曬曬冬天的太陽，趁著空檔養精蓄銳。

　　過了上午十點以後人潮逐漸散去，牛隻的主人也陸續帶著牠們踏上歸途。如此具規模的古老市集，不知道還能保持多久。由於沒有製造產業，緬甸仍維持著農業社會的型態，農夫耕田依靠的還是牛，在鄉間的道路上經常可以見到牛車的影子。

　　在緬甸看到的牛車幾乎都是由雙頭牛來拉。牛不只是財產，還是人類不可或缺的伴侶，所以大部分的緬甸人不吃牛肉。我們可以從一首以雙牛為主題的傳統詩歌中體會到牛與人類的生活關係之密切。

葛勞[05]撣族神話—
蜘蛛怪與七位公主

高原除了頂頂有名的茵萊湖，還有一些小小的湖泊。距離翁班北方大約二十公里，有個湖叫做濱迪雅湖。從葛勞到翁班，一直到濱迪雅這段路程，是傳說中的天堂美景。一眼望去，縱橫交錯的阡陌將大地分割成許多幾何圖形，填滿了芥末黃、棕色、橄欖綠、茶褐、橘黃、翠綠等顏色。活脫脫是保羅克利那幅「Monument in Fertile Country」[註1]

濱迪雅湖邊有個以蜘蛛為標誌的小鎮，其中有個有趣的神話故事。

話說大約撣族統治上緬甸的時代，有個小王國，國王膝下總共有七個嬌貴又頑皮的公主，雖然頑皮但是彼此都相親相愛，不管到哪都是七個人一起行動。

一天公主們看天氣很好，在宮裡悶得發荒，甚至歌舞表演跟懸絲傀儡戲都引不起興趣。七位公主商量不如到湖畔洗澡，除了消除暑氣又可以到外面透透氣。

「聽說湖邊有怪物，王上吩咐了誰都不可以去。」侍女們嚇得發抖，懇求公主們不要去。

公主們看侍女們驚嚇的模樣很好笑。

「這些下人都很膽小，隨便一個流言就可以把他們嚇得半死。」驕傲的公主們都這麼想，加上頑皮又年輕愛玩，竟趁著國王午睡的時候偷偷溜出王宮。

可能是因為怪物的傳說，附近的人家都搬走了，尊貴的王女不必擔心被窺伺。炎熱的夏天任誰都會忍不住跳到水裡清涼一下，公主們早就等不及，紛紛躍入水中。撣族的少女皮膚特別白皙，尤其是這七位嬌生慣養的公主，肌膚更是有如初生嬰兒般鮮嫩幼滑。微風輕佛濕潤的肌膚非常涼爽，曬了太陽之後，少女的臉上洋溢著紅潤的光澤，連湖中的小魚都不畏生，游來與她們一起嬉戲。

一切都太美好了，世間總是不能容忍完美的景象，所以很快地刮起颶風，將少女的長髮吹向天際。岸邊的榕樹林有許多棵被連根拔起，僅剩下幾株巨大的老榕，因為根深入地底，得以毅立不動搖，但是枝葉也摧折了許多。這些巨大的榕樹至今仍可見到，據說都有超過千年的年齡，從湖邊到洞穴的路上就在山腳的村莊裡。厚重的雲層掩蓋了晴空的笑容，一片黑天暗地像要將整個湖水吸到天上。魚兒趕緊潛入水底，公主們也驚惶失措地奔上岸邊。

緊接著狂風之後就是暴雨，在漆黑的世界中少女們無法辨識方向，摸索著要回家竟然迷路走到山邊的洞穴，這個時候有個能夠躲避風雨的洞穴真是太好了！公主們什麼也不想就走進去。

這個洞穴就是位於湖畔，聞名的濱迪雅洞穴（Pindaya Cave），目前有個佛寺雪烏敏 Shwe U Min pagoda 建在洞口，裡面有鐘乳石和石筍，與交錯如迷宮般的許多通道。岩石上或雕刻或放置超過八千個貼金箔的佛像與小佛塔，據說還在陸續增加當中。以前大約要爬兩百多個階梯才能到達，現在已經建了玻璃罩的升降電梯。除了摩登的電梯，洞穴內以木材與水泥等建材裝潢，將神話與古老的風味都破壞殆盡，真是一大敗筆。

公主們對於這麼大的洞穴感到好奇，都忘記了害怕，竟然越走越往裡面深入，她們想要進去探險。暗中視線不良，女士們都沒有發現結在岩壁上的蜘蛛網，在沒有防備的情況之下都被巨網給纏住了。

一隻巨大的蜘蛛這時出現，生氣的對著陌生人咆嘯：「是誰膽敢闖入我的家，驚醒我的美夢？」七位少女驚嚇之餘放開喉嚨尖叫，顧不得淑女的形象與王女的身分，拼命掙扎。眼看大蜘蛛一步步靠近，就要傷害她們。

神話中有公主，一定會有王子。我們的王子也不例外是個英俊的青年，他牽著一頭白牛（白牛王子）到處旅行，來到洞穴

註1 保羅克利（Paull Klee）一八七九年十二月十八日生於伯恩，抽象與象徵主義畫家。這幅畫靈感源自埃及北方的景色，現存於科隆的路德維希美術館（Museum Ludwig Koln），簡直像是到了義大利的托斯卡納（TOSCANA）。

外聽到少女們的尖叫，奮不顧身進入洞穴與大蜘蛛纏鬥。

結局不問自知。這是我與司機坐在佛寺旁邊的小店喝咖啡的時候，聽taung-yo族美麗的老闆娘說的神話故事。她的小店除了咖啡跟茶，也賣一些女士用的蕾絲披肩。兩位女士過來看了看，可惜沒有她們要的顏色，坐上遊覽車走了。他們來自義大利，一個大約十幾人的小型旅行團，剛參觀完洞穴寺院正要離開。生意沒有成交，美麗的老闆娘也不覺可惜，端出糖果與橘子，還有醃漬的茶點招待我們。

這些商店販賣的藝品大都做工粗糙，雖然便宜可是帶回家沒有用處。可是無意間讓我發現特殊的筆記本，紙張是桑樹樹皮做的紙漿，連同花瓣跟樹葉一起在太陽底下曬乾成紙，最後再用竹子裝訂成冊。看似樸拙，其實紙張的做工很細緻，這就是「撣紙」Shan Paper。因為可以押入不同的花瓣跟葉子，所以變化無窮，不輸佛羅倫斯或是京都製的紙張。

這裡還有一種叫做「parabeik」的摺疊書，以雕刻了圖案且上了漆的木片為封面跟封底，內容大都是以佛本生譚為題材。內頁是竹片，用煤煙製成的墨水或者用硃砂製成的紅色的墨水在竹片上畫出一幅幅佛本生故事，並且有緬文解釋故事。或許老闆以為西方遊客都會喜歡，大本的「parabeik」開價10塊錢美金。這價位在鄉下算是天價了！雖然特別，不過要找到精緻做工的parabeik很不容易。

葛勞 ⁰⁶ 高地上的威尼斯—茵萊湖 Inle Lake

平疇返遠風，良苗亦懷新

位於海拔八百七十五公尺，陡峭的巴魯(Balu)山谷底部邊緣，南北伸展出長二十三公里，平均寬度五點六公里的茵萊湖(Inle Lake)，是東南亞最高，也是最美麗的湖泊之一。四周為高聳的山脈環繞，長年有薄霧瀰漫在寧靜的湖面。巨大和美麗的湖不僅是擁有多樣水中生物的小宇宙，而且也是四周許多族群航運往來以及居住的水域。

湖中住著約七萬人，有達瑙(Danaw)、達努(Danu)、茵塔(Intha)、克倫(Kayah)、緬族(Bamar)、帕烏(Pa-O)、擺夷(Shan)和侗宥(Taung-yo)等族群。

人數最多的是散居於湖中十七個村落，於十四世紀從下緬甸的島威(Dawei)遷移來的茵塔(Intha)族。大多以耕種作物與撈補湖中盛產的鯉魚和其他淡水魚蝦維生。茵塔族的漁夫捕魚時，單腳立於一葉長長的扁舟，一手控制圓錐形魚籠的上落，另外一手則協助控制單腳勾住的船槳。如此一來既可以留心觀察水中魚群的動向，也不會誤闖入糾結的水草以及避開浮田。

一般旅行者到茵萊湖都住在湖北端的裊水(Nyaungshwe)鎮。也都是從鎮上租船遊湖。湖畔的碼頭讓人有即將搭船出海的錯覺，因為許多燕鷗在你的頭頂盤旋。

船從湖畔碼頭出發，向南推進。首五分鐘的船程，湖面只有十來公尺寬，兩旁全是一排一排浮土做的田，之後豁然開朗最寬之處達到十一公里。長形的馬達動力船專門載運遊客，特色是快速且發出巨大的噪音。如果喜歡這些水鳥，出發前可以買一些飼料餵牠們。在湖上看到許多水鳥聚集在某些船隻上空，那情景就像西區考克拍的那部電影『鳥』，好像受到鳥群的攻擊，很恐怖！

船滑行於水上，人們住在水上的村落，連田也是浮在水面上。湖孕育生養許多人們生活所需的食物，這些農產品都是出自於水中的「浮田」。所謂「浮田」，就是把湖底的泥巴及多種水草混合的「耕地」。要讓泥草堆生長成一塊成熟厚實的耕地，起碼需時十年。當地人把這些長條形的耕地置於水中，一行一行的並排，有些築在居民的長腳屋外，有些置在湖裡，底下則以竹竿固定位置。而浮田上主要種植花、番茄、豆莢、茄子及煙草等，並且在湖的北方末端極為肥沃的浮田上耕種水稻。

除了作物，本地人們也生產白銀和黃銅製品、陶器和塗漆的衣服。婦女織工是熟練的絲綢織布工，這個地區生產的絲織品，產量是緬甸全國第二大。

所有這些農產、工藝及日用品都可以在五天一次早晨的伊瓦馬（Ywama）水上市場，或是在國營的特產商店購買。時至今日，水上市場的商品許多是針對遊客販售，但是當地人還是會在這樣的市集裡面採買各式食材。平時居民大多會從載運貨物的船上直接購買。而國營商店價格較高，品質沒有比較精緻，倒是不建議把時間浪費在其中。

緬甸的自然景觀是最優於鄰近國家的特色，非常適合旅遊。尤其在撣邦高原，有山有水，少數民族因為自然環境而產生

的特殊生活方式，更是有別於其他東南亞觀光地區。雖然當局近年努力發展觀光，各地原居民的生活難免受到不小的衝擊，但是因為貧窮與低度開發的關係，環境的破壞程度遠遠比不上工業化國家。

一份調查報告（Sayer & Saw Han, 1983）顯示，湖中的野生生物 包括三十七種鳥類，二十七種沼澤地水鳥，十四種候鳥，以及四十種淡水魚，水獺和龜。雖說自然環境破壞程度比不上高度開發國家，但是越來越密集的人口數量使生態產生衝擊。除了受到人們射擊、誘捕以及獵殺，加上因為魚群被漁夫大量捕獲，野生鳥類還必須面臨食物的強大競爭者－人類，以及他們豢養的家禽例如鴨子的競爭。導致野生族群正快速減少與消失中。

葛勞 *07* 被禁錮的女人

司機說，來到茵萊湖每個遊客都會去看的，是緬甸特產－長頸族。長頸族是緬甸少數民族之一，族中女人以頸長為美，因此所有女族人打從五歲起便開始在頸項套上螺旋形的銅環，由三圈開始，按年月並個人生長情況，一直到二十五歲。肩膊因為長期負重而向下墜，逐漸把頸「拉」長。因為居住位置屬於敏感的政府軍事禁地，當局禁止遊客探訪。

茵萊湖畔小鎮裊水的一個米商，為了謀利，特別從老遠請來一戶長頸族人，到米倉後面的空地生活（現在已經改為旅館），包食包住，吸引好奇的遊客探訪見識，然後他本人在門前收入場費，每位三美元。

這些長頸女子是緬甸克倫族的一支。遊客大多是從西方國家來的，他們興高采烈地打量著她們，拍上幾張照片，然后就心滿意足地離開了，根本不想了解一下這個少數民族多災多難的歷史。

長頸族人在緬甸東部生活了幾個世紀。一九四八年因為受到異族的侵略和壓迫，不得不逃往異鄉。目前他們雖然住在泰國北部的難民營裡，但仍在努力保持民族的語言和傳統。讓女人在脖子上戴上銅項圈本是傳統習俗，這項傳統被泰國人利用，藉著展示長頸女人來供遊客拍照。拍照費與販賣紀念品的50%必須繳交給清邁當局，這樣長頸女人就可以拿賺得的金錢回去族裡補貼點開銷。

我只告訴司機：「鳥應該在空中飛翔，魚應該在水中悠遊。至於人，也應該有尊嚴地生活。」

「可是那老闆讓他們吃、住不虞匱乏，不算虐待他們。」司機說。看來他還是不懂。

我有些動怒，音調提高許多地說：「是的，利用人家苦難的處境來賺錢，而且限制他們的行動。像動物園裡面的動物那樣被展示，你願意被這樣對待，過這樣的生活嗎？」

或許我說了重話，但是真的希望他能夠了解，並且從此懂得尊重別人與其他族群。

葛勞 ^{08} 國王探險記

對於緬甸人而言，湖的最南端具有八百多年悠久歷史的彭島屋寺（Phaung Daw U），是緬甸最重要的佛寺之一。你可以從五尊被層層金箔覆蓋得已經無法辨識其外型的小佛像上看到人們虔誠的程度。每年到了九月底十月初的滿月日，一年一度的慶典上，人們會將寺裡面非常有名的這五尊佛像，以模仿古代皇家駁船，用紅寶石做成眼睛且渾身塗上金漆的鴜首船載運，遊湖來祝福湖裡的居民們來年能夠豐收。並且有百人單腳划船賽，場面熱鬧又壯觀。

曾經有一年慶典的時候，突然一陣大風刮起，船被吹翻佛像掉落水中。只找到其中四尊，而另外一尊佛像卻怎麼也找不到。後來大家發現那尊失蹤的佛像竟然好端端地出現在寺中，從此人們就更加虔誠了。

寺前有個矩形廣場，廣場中央有個蛇形怪獸的雕像，張大嘴巴看著往來的船隻。若說湖中的水上人家與錯落的水道像是義大利的威尼斯，那這個廣場就可以類比為聖馬可廣場，只不過先得將長了翅膀的獅子換成大蛇怪。寺院是因大蛇怪而建，源於一段奇幻故事。

那是一則關於蒲甘王朝卓越的國王阿瑙悉都王Alaung Sithur（又稱馬尼西圖Mani Sithu R 1112-1167，是著名的阿奴律陀王的兒子康西達王Kyanzitha的外孫）與他神奇的船一起冒險的傳奇，是緬甸家喻戶曉的神話故事。

蒲甘一朝，以這位國王的壽命與治國時間最長，建造了最多佛塔和寺院，並且開鑿運河與整治水利工程。他也是個熱衷於水上航行的冒險家，花了許多時間在國內甚至海外各地探險。而他那艘以「賢者之石」操控的木製平底大船在故事中更是令人津津樂道。那顆神奇的石頭具有超自然魔力，可以讓整艘大型平底船依照國王意志，到達水域中的任何地方。

有一次國王預計從帕甸港（Pathein）出發，要到馬拉尤（Malayu，古印度地名）。據說當國王阿瑙悉都即將抵達枚汝山（Mt. Meru）的時候，氣候不佳遇到阻礙無法繼續航行。這時帝釋天王（也是三十七位Nat之首）出現在一行人面前，勸告他們回頭，因為他們的前途即將遭遇許多驚險與危難。煉金術士為國王煉製了一顆「賢者之石」，藉著法術他們因此得以度過風暴。就像史詩奧迪賽（Odyssey）中的尤里西斯（Ulysses），阿龍西圖王的航海旅程當中發生許多神奇的冒險傳奇故事。

當他抵達馬拉尤半島，帝釋天王再度現身，並且送他一棵神奇的樹。國王阿瑙悉都用這棵樹造了一艘船，命名為「薩卡達鈕」（Sakka Danu Boat）意思就是「帝釋天王薩卡送的船」。可是到了後代，這名稱被訛傳成「坦卡丹」（Thakadan Boat）。

這時他們聽說一個島上住著一隻爬蟲怪獸殺了許多大象，吃了牠們的腦，並且用象牙來建造巢穴。國王開始著手動身，駕著那艘皇家平底大船航向那個住著怪獸的島嶼。

又具有雷神賜予的神力，船身幾乎離開水面像一支箭那樣往前射去。怪獸氣得抬起頭、尾，並且伸展四肢，向著國王的船張牙舞爪，激起驚濤駭浪將大船整個吞沒。國王仗著賢者之石穩住船身，並順利逃出怒海。怪獸仍然作勢恐嚇，直到精疲力竭再也追不上才回去。

為了紀念這次歷劫歸來，國王建了一艘極為肖似爬蟲怪獸的船，取名叫做「艾金」"E Kin Boat" 意思就是爬蟲獸。又稱為「好客討吉」"Hlaw Kar Taw Gyi"（從皇家大船伸出船身努力划的槳，就像怪獸的腳）。

傳奇神話保留直到現在的是緬甸全國各地許多彭島屋佛寺。所有佛寺建造的位置都是國王的皇家平底船在屢次歷險時曾經短暫停留的地方，所以這些佛寺不是位在海濱就是河岸或是湖中小島。其中最著名的要算茵萊湖的彭島屋佛塔寺、擺夷洲南部岷部(Minbu)的彭島寺院、塔耶塔謬(Thayetmyo) 的彭島屋佛寺、蒙固(Mogok)的彭島屋佛塔寺。這些都是國王阿龍西圖所下令建造，並舉行一年一度的慶典賽船盛會。

居住在茵萊湖的茵塔人相信，他們的祖先是來自於塔尼塔耶的海邊小鎮－島威(Dawei)，並且當國王阿瑙悉都抵達此處的時候曾經參與冒險的行列。他們跟隨著國王來到茵萊湖，發現這兒風景優美又寧靜與世無爭，非常喜歡，便請求國王容許他們居住此處。所以直到現在，茵塔人建造

阿瑙悉都的部下趁著爬蟲怪物離巢獵食的時候，毀了牠的巢穴，並且將所有的象牙運上船，快速離開那個島嶼。當怪獸狩獵完畢回來發現巢穴被破壞，暴怒之下跳入海中奮力追趕。國王的船是神木製造，

的屋舍總是面向南方,也就是祖先的故鄉
－島威的方向,其目的就是為了世世代代
不忘來處。

茵塔人跟島威地區的歷史淵源可以經
由許多類似之處發現;不管是方言、講話
的腔調,甚至他們熟練地以腳划船技術,
在在說明了彼此之間的關係。

葛勞 09 徜徉山中湖

一般旅行者到茵萊湖都住在湖畔小鎮裊水之外，還可以選擇住在湖中。湖中的水上飯店雖然沒有日月潭「涵碧樓」的豪華；但是可以感受自然風光與豐富的人文背景，甚至沼澤溼地提供了許多野生動植物棲息的良好處所，適合喜歡賞鳥者或是研究生態環境學者來此觀察、研究。

對於居住在開發國家的都市居民而言，身在湖中慵懶的步調之中，跟外界通訊不易，與缺乏多樣性娛樂的體驗，讓人感到從文明世界消失。遊湖最佳的時間為早晨與黃昏，早晨可以避開遊湖的人潮，又可以真正體會高原湖清靜靈秀的本來面貌。黃昏時則可以仰望滿天色彩繽紛的晚霞，景象甚是壯麗。

當然最好還是能夠在湖中的水上飯店住個一、兩天。冬天乘坐輕舟藏身在水百合與蘆葦中，可以發現鴛鴦 (Mandarin Duck) 與其他候鳥如野雁或野鴨。夏天的夜裡乘船在湖面上，觀賞滿天斗大的星星。因為緬甸供電不足，常常停電，所以夜晚都可以抬頭欣賞到很棒幾乎沒有光害的星空。在夏季寧靜的黑暗中，還可以發現許多湖中小精靈－螢火蟲的身影。在此，你會驚訝於自己與大自然是如此接近，萬物都閃耀著晶瑩的光芒，與星、月相互輝映。置身美妙情景當中，除了讚嘆大自然的神奇，這時你會相信曾經聽過的任何神話故事，或是種種傳奇。

五、蒲甘

蒲甘 *01* 漫步歷史之原

著往昔人們的信仰、民族之間彼此的征戰與遷徙、融合。

讓我們一起來到這片古蹟隨意散落的平原，走入時光隧道，聆聽一度被遺忘的故事。

蒲甘的氣候是熱帶性季風氣候。但是，在不同季節的溫度呈現戲劇性變化。從五月到十一月是夏季，在白天的平均溫度為43℃，夜裡的溫度降到24℃；在乾季節的相對溼度大約20%到大約55%。在冬天（十一月到翌年的二月），這種天氣更涼（冷），白天溫度大約30℃和夜晚的溫度大約10℃；相對溼度大約30%到40%。六月到十月之間是雨季，季風季節開始的六月，與十月即將結束的時的雨量達到最高峰，達到七百六十二公釐。這時的溫度在夜裡大約25℃，白天大約36℃。

幾乎絕大部分的佛塔與寺院都興建於十一～十三世紀，長達兩個世紀蒲甘王朝處於最鼎盛的時期。究竟建成多少座塔寺無法確定，但今日約有五千餘座左右的大小塔寺、修院等建築遺蹟可以辨識，除開其中較為殘破者之外，二〇〇三年聯合國教科文組織統計目前有二千二百三十七座已經被修復或正在修復當中的佛塔與寺院[註1]其中有些直到今日仍持續為信徒禮拜，香火不斷。

傳奇猶如一團迷霧，遮蔽了我們的眼界。屹立在平原上的佛寺與寶塔卻越過時間的瀚海，向我們展示歷史部分面貌。頹圮的建築是倖存的證人，牆上的壁畫訴說

註1　法國考古學家Dr. Pierre Pichard向聯合國指控緬甸當局不精確的重建遺蹟，是「文化罪犯」的行為。因為政治因素，蒲甘遺蹟至今尚未被聯合國教科文組織列為人類遺產，誠可惜矣！

西元一〇四四年之前，由於緬甸沒有統一的強大王朝，學者研究緬甸的歷史僅能參考古代的傳說，或是斯里蘭卡的「大史」與「島史」兩部史書。直到蒲甘王阿奴律陀王統一全國之後，以孟文及驃文為基礎，創造緬文。所以緬甸的文明可以說始於蒲甘王朝。

　　出了舊城沿著奴律陀王路（Anawratha Rd）往南，騎腳踏車大約五分鐘即可發現道路的左邊有座不醒目的Myazedi塔，西元一九一一年考古學家在此發現了著名的「彌塞諦」（Myazedi）石碑，為康瑟達王於公元一一一二年去世後，其子拉嘉庫瑪（Rajakumar）所立。

　　這塊石碑上鐫刻著巴利文、驃文、緬文、孟文，內容有蒲甘歷代君王名字，及執政時間，是為了紀錄與紀念旁邊古比亞基佛塔（Gubyaukkyee paya）的落成。並且記載著康瑟達王治國二十年後，得病駕崩。他生前命造金塔以及佛像，供子孫族人及一切人民敬拜，最後祈願來世值遇彌勒菩薩。它不僅對緬甸歷史具有極大價值，而且在古代東南亞語言學研究上，提供了重要的資料，因為在這塊碑銘未被發現前，學者對驃族人的文字是無法解讀的。

蒲甘 ᵒ²緬甸的阿育王

直到西元第十二世紀之前，蒲甘還只是緬甸許多小王國之一。上緬甸地區原是由驃族ᵗ¹統治。直到西元一〇四四年，出身緬族的阿奴律陀王Anawratha與族人爭奪王位，殺了堂兄成功地為父親奪回王位。他父親以年老為由，將國家交由他治理。從此展開了一頁緬甸第一個輝煌燦爛的統一王朝史。

他年輕的時候曾隨父親隱居佛寺當中，登上大位之後，驅逐波帕山區崇尚持咒修行，屬於大乘佛教的支派「阿利教」ᵗ²。也因為這個教派擁有武器與可供作戰的馬與象，其勢力已經威脅到剛建立起的統一王朝。這樣的禍害留著不除，就是對不起自己。歷史上的當權者對於異己的剷除行動，從來都是毫不留情的。

有一位精通三藏的孟族高僧阿羅漢長老(Shin Arakan)，來自下緬甸的打端，他隱居在蒲甘附近的森林裡面，由樵夫向皇室報告而被引薦至國王處。經過一番問答，由於長老對於佛法有精闢的闡述，得到國王的尊崇與信賴，並決定護持佛法。不久即明訂佛教為國教，並且禮請阿羅漢長者為國師。

那時候，位於下緬甸打端Thaton地區

有個孟族^{註3}因為靠海，航運較發達，與附近各國有貿易往來，信仰由印度傳來的婆羅門教與上座部佛教，他們受了印度宗教與文化影響，是屬於比較先進文明的國家。阿奴律陀王向打端求取「三藏經」與「佛舍利」，驕傲的拉曼國王不但拒絕，還凌辱來使。阿奴律陀王一怒之下，於西元一○五七年發兵攻打打端。經過了三個月猛烈的攻擊，終於打敗拉曼國，迎請五百位上座部僧侶，用象運載搜羅得到的三藏經典以及文物，連同許多工匠藝術家、建築師，也一起將拉曼國的國王馬努哈（Manuha）虜回國。

註1　(Pyu Piao Pru)人及其它他部落聯盟在太貢建立許多小國，在對付共同的敵人時則聯合起來，有點似現代的聯邦(Federal)或邦聯(Confederation)，但某些方面還是比不上。直到驃國滅亡以後，這個種族如今已不存在，可能為他族所同化，也可能就是現今緬族人的前身。

註2　Ari，信仰觀音、彌勒佛、文殊菩薩，與波帕山的NAT，可能屬於後期密教的支系與傳統信仰的結合。因為墮落放蕩，於是被阿奴律陀王驅逐。緬甸高僧般若薩彌(Pannasami)西元1861年所著巴利語《教史》(Sasana vamsa)，稱阿利僧為「鳴僧」(Samana-Kuttaka)，自山瑪提拉賈王(Sammatiraja)時傳入，在阿奴律陀王以前，阿利僧在蒲甘一帶，成為一個很有勢力的教派，中心地是在沙摩提(Samati)，人數約30人，擁有六萬信徒，不忌酒肉。他們認為人造了任何深重的罪惡，甚至忤逆殺害父母，只念誦咒語(Paritta)，就可以不受因果報應。又規定女信徒新婚之初夜必須獻給僧侶，如違犯，會受到嚴厲的懲罰。

註3　孟族人來自印度南部的馬德拉斯(Madras)的地方叫做得楞(Telingana)，所以緬甸人稱他們為「得楞」(Talaing)人。孟族受了印度文化和宗教的薰陶，他們學習文字書寫，而且將南印度的字體，應用到本地的澳亞語系(AustroAsiatic Language)上。現代發現孟文最早的碑石，是西元第11世紀末及12世紀初，差不多與爪哇及占婆兩地發現的相同，字體從南印度的伽蘭他文(Grantha)衍化而來。

未久，王又征服了西部若開族（Akyab）的阿拉干王國，北方戰和南詔，使緬甸從一向分裂而歸統一，為蒲甘王朝奠下二百四十三年（1044~1287）的基業。

歷史記載，每當馬努哈說話的時候，只要從他的嘴角流露出一絲欣喜的神色，阿奴律陀王總是想盡辦法羞辱，並且嘲諷馬努哈，直到他欣喜的神色消失才滿意。這樣的遭遇使他對於當初選擇投降而不是戰死，感到痛悔與自責。西一○五九元年他散盡隨身攜帶的財寶造塔建寺，向寺中的佛像祈願：「無論投胎至何處，生生世世願我永不被征服！」

在蒲甘舊城以南，沿著的主要道路往南過了漆器工廠，馬努哈佛寺就在右手邊的緬卡巴村（Myinkaba Village）。馬努哈佛寺並不具備卓越高雅的建築構造，其外型為兩層疊起的方形構造，上層的面積小於下層，有點像個寒酸的雙層蛋糕。寺中龐大的三座佛像看起來好像要擠滿殿堂一

樣。這三座佛像與一尊臥佛擁擠在狹小的空間中，似乎反映了馬努哈王作為一個戰俘的尷尬窘況。

來到這佛寺，可以考慮順便逛逛旁邊的漆器工廠。畢竟緬甸漆器的發祥地就是蒲甘，許多大小型的漆器容器任你參觀。不過現在你很難在蒲甘發現精緻的漆器，如果要選購還是得去仰光的翁山市場，雖然價格比蒲甘高，但是品質比較能被接受。

註4　緬甸三大民族英雄：一、阿奴律陀；二、莽應龍；三、是阿瑞帕雅。

蒲甘一朝並不是阿奴律陀所建立，根據考古學家從出土文物推測，蒲甘建國大約於第九世紀一個弱小的王國，國王叫做品耶(Pyinbya)。Bagan一朝總共有55個國王，歷代君王護持佛教，建造很多塔寺。直到阿奴律陀王在位時，建立統一的國家又開鑿運河，振興農業。對緬甸文化與佛教方面，更起了深遠的影響。他以孟文及驃文為基礎，創造緬文，是「三大民族英雄」[註4]中的首位，他是佛教的護法，被譽為「緬甸的阿育王」。

蒲甘 03 「願佛法永存，
於白象躬身頂禮
之處」

西元一〇一六年，蒲甘Bagan皇城的北方約三公里處蓋起了一座壯麗莊嚴的大佛塔－雪濟宮大佛塔（Shwezigon paya）。塔中藏有來自下緬甸卑謬（Prome，又譯勃朗）區所供佛的鎖骨、來自錫蘭佛的上顎齒牙。

當錫蘭的佛牙舍利船抵達蒲甘時，為表虔誠，阿奴律陀王躍入水深及頸的河中親自迎接。他歡天喜地的在宮中設置佛安置舍利子，可是國師阿羅漢勸告國王，為了能讓更多人供養、禮拜，使佛法長存世間，應該建佛塔安置佛的舍利子。阿奴律陀王接受國師的勸告，可是不知道佛塔應該建於何處。

國王想到一個類似丟銅板的方法；就是將佛舍利放在白象的背上然後釋放，讓白象隨意走動。「我的白象躬身頂禮之處，就是佛舍利欲安身處。」國王這樣告訴臣民。不料白象走到皇城東北方的伊洛瓦底江邊，竟然在鬆軟的沙洲躬身，以頭頂地。這種地質如何能建造佛塔？阿奴律陀王煩惱極了。

據說帝釋天（也是37位Nat之首）現身國王的夢中，告訴他已經將沙洲化為堅硬的石頭，並且教導建築的方法，才解決建築上的困難。不過因為江水時常氾濫，所以後來佛塔還是移到現在較高的位置。一年的時間就蓋了三層平台，佛牙舍利也複製增加了四個。到了一〇七七年，阿奴律陀王去世的時候佛塔還未完成[註1]，直到康瑟達王（Kyanzitha）登王位之後，西元一〇

一九年緬曆五月的滿月那天，安裝上塔冠的金色寶傘，才算完成。

　　這座壯觀且莊嚴的金色佛塔充滿了神秘的氣息。不像仰光的大金塔總是人潮不斷，重新整理過的環境失去了原有的古蹟味道。雪濟宮大佛塔除了保有原來典雅的風格，還多了神聖的意義，在蒲甘所有佛塔之中是祈願的首選。

　　蒲甘佛塔的結構分為塔基、三層壇台、鐘座、覆缽、蓮座、蕉蒼、寶傘、風標、鑽球九大部分，設計者圍繞這些基本的結構，發揮豐富的想象力，採用多變的手法，使建成的佛塔姿態萬千。

　　坐落在伊洛瓦底江畔平坦的平原上，

塔身是從吐溫山（Tu-ywing hill）上採集大石塊，由工人以手接遞傳送到建築工地。工匠細緻的切割石塊，以精密的計算堆砌建築物的主體。由於石匠高超的技術，才能承受九百年來建築中各元素之間的應力。一九七五年七月八日下午六點的那場大地震中，除了寶傘掉落與蓮花座受到小部份損壞，整個塔幾乎原封不動沒有受到任何影響。

　　現今的佛塔由海內外的信徒以及僧侶們大量捐款，將塔身整個以銅皮包覆，再貼上層層金箔。佛塔的三層方形基座，成階梯狀向上延伸，每一層鑲嵌了許多佛「本生譚」的內容為主題的釉燒磚。第三層基座的四角各有一寶塔。塔的壇台是蓮花座造型，再上一層是倒蓋形的鐘座與複

註1　有些學者聲稱阿奴律陀王去世時已經完成三層塔基，康瑟達王Kyanzittha繼續從這三層塔基上建造佛塔的工程。

缽，其上為螺旋型的蕉蒼，鑽球、寶傘、風標都具備，是緬甸佛塔的典範。而雪達光（大金）塔現在的外型[註2]，就是參考雪濟宮大佛塔。

入夜後偌大的廣場僅有一些附近的居民來參拜（夜晚絕少見到遊客的蹤跡），耳邊不斷傳來嘹喨的鈴聲，有如歌劇「魔笛」中，夜后的侍女送給帕帕基諾（Papageno）的魔鈴。遍尋不著聲音的來源時，村人請我抬頭看，原來是塔頂的銀鈴被風吹得叮噹作響，讓寧靜的聖地更顯空靈。

青年MoMo跟他姊姊，以及姊姊的兩個小孩住在曩塢機場以東的村落，他們幾乎每個晚上都來雪濟宮大佛塔，禮拜佛塔之餘什麼也不做，坐在廣場旁邊的台階上聊天，天氣熱的時候也會到河邊的矮牆上吹風。因為家中沒有電視，也沒有收音機，來此聊天既可以省電又可以打發時間。小男孩跟小女孩的眼睛都很清澈美麗，由於不懂大人們的對話內容（英文），眨著大眼睛望著陌生人微笑。

羨慕他們可以天天晚上來，在這樣謐靜的環境薰陶之下，內心一定非常平和。MoMo與姊姊都開心地笑了，其他人聽了MoMo翻譯我的看法之後，也都笑了。

相信不只我一人，來到雪濟宮大佛塔的遊客一定對於裡面的那陀神祠感到疑惑，不解為何在這麼莊嚴的佛塔聖地，竟然出現異教信仰的神祇。阿奴律陀王真是一位很有政治手腕的領袖，他雖然排除其他佛教教派獨尊上座部，但是卻保留了人民傳統的信仰。如此既可以淨化人心，又不至於因為信仰改變過於劇烈而遭致百姓的反感。有人向阿奴律陀王請示，為何要在佛塔中供奉種種鄙陋的邪神，王回答說：「世人絕不會以新的宗教傳入而遽然奉行之，所以不如任其信仰舊時諸神，日久以後，自然改信新宗教。」有這樣的胸襟包容不同信仰，難怪能成為一國的民族英雄。

不只Nat，印度教的神祇也是佛塔寺院的守護神。蒲甘一朝許多國王都是以印度教的儀式舉行登基典禮，甚至有碑文記載康悉達王在阿南達塔寺祭拜印度教的神祇。

卓越的雪濟宮大佛塔，有九項非凡的特色，由這些特色可以讓我們更深入了解其在建築上的成就，以及寶塔在緬甸人心目中的重要性：

一雖然塔頂的寶傘厚重而粗大，但是完全沒有依靠任何纜繩來承拖，固定。

—塔身雖大，無論一天當中的任何時間，塔的影子絕對不會超出圍牆的範圍。

—為螺旋狀的鐘座上的蓮花圖案貼金箔的時候，撕下的紙張從不飄飛越過圍牆。

—圍牆之內雖然還有一些佛寺殿堂與神祠建築，不管祭典的時候來了多少人，從來不會有擠滿人群擁擠的感覺。（我覺得歸功於緬甸人實在有教養，不會爭先恐後）註3

—為祭典所準備的供品，米食的烹煮速度總是足夠應付每個朝聖者。

—在塔的一邊擊鼓，從另一邊聽不到。

—從遠處看，雪濟宮大佛塔好像位於隆起的小丘上。（請記住，塔建於平坦的河邊平原地）

—下再大的雨，圍牆內的庭園從不積水（就像羅馬的萬神殿）。

—圍牆內東南角落的一株枸杞樹，不分四季整年都開花。

註2　1774年阿瓦國王信布辛王(Shinbyushin)時期擴建呈現在的規模。詳見「雪達光寶塔」篇。
註3　一年一度雪濟宮的祭典從緬曆10月至11月間上弦月第十天一直到下弦月的第十天結束。

「願佛法永存，於白象躬身頂禮之處」

蒲甘 04 舊蒲甘─
緬甸最早的皇城

西元一二八七年蒙古帝國揮軍南下，攻陷了蒲甘城，從此蒲甘王朝滅亡。現在還可以見到遺留下來殘破的舊城牆片段。

落腳在舊城裡面的飯店，是一九二二年英國威爾斯親王造訪蒲甘時居住的行館所改建，位於伊洛瓦底江邊。具有第一次世界大戰後黃金時代的風味。

與飯店為鄰的，除了蒲甘歷史博物館之外，還有編號1622號完成於十三世紀初期的高島帕林塔寺 (Gawdawpalin Temple)。此寺建造於納拉帕諦悉都王 Narapatisithu (r 1174~1211) 時期，直到繼任者提洛敏洛王 (Htilominlo,r 1211~1234) 才將它完成。塔高達五十五公尺，為蒲甘第二高塔。此塔

於一九七五年的大地震受到極大的毀壞，目前已大致修復完成。

由於此塔寺就在落腳的飯店隔壁，進出都會見到，感覺親切。每到天黑之後，被燈光裝飾得很像一個插上蠟燭的大型生日蛋糕，令人印象深刻。不過進入裡面實在讓人失望，牆壁上的壁畫全被白色的油漆給遮蔽。壞品味永遠地破壞了一個古蹟。

舊城裡面除了高島帕林塔寺，還有編號第1597號，蒲甘平原上最高的塔比鈕塔寺 (Thatbyinnyu Tempo)，由好大喜功的阿瑙悉都王 (Alaung Sithur 1113~1167) 興建於西元一一四四年，高約六十六公尺。象徵從孟族式建築過度到緬式風格的代表作，其後的的蘇拉摩尼塔寺 (Sulamani Tempo)、高島帕林塔寺 (Gawdawpalin) 跟希洛米羅 (Htilominlo) 都是屬於同樣的類型。由於各國學者基於維護古蹟考量之下的呼籲，現在當局已經不准遊客登上第二層眺望風景。

由於最高，所以成了旅行團必到的景點。裡面的牆壁也是被「重新粉刷」過，不過眾多佛像都保持樸俗的面貌，保留了十二世紀初期佛像造型之美。

蒲甘 ⁰⁵文明的曙光

蒲甘

145

文明的曙光

　　編號1439號的敏格拉佛塔
(Mingalarzedi)是由納締哈帕諦王
(Narathihapati)建於西元一二七七年，完
成的十年後蒙古人攻陷蒲甘城，王朝從此
瓦解崩潰。在舊城以南，歷史博物館的旁
邊，稍不注意很容易錯過。這個佛塔是蒲
甘看日出最適合的地點。

　　由於每個季節日出的時間都不同，飯
店櫃檯有一張全年度每一天的日出與日落
時刻表，那張表的準確度很高，誤差不超
過五分鐘。如果要欣賞日出日落，前一天
向櫃檯諮詢就可以，非常方便。

蒲甘 ⁰⁶ 覺者遍知，無窮無盡

來到舊城外第一個見到的是美麗又壯觀的寺院，編號第2171號的阿南達塔寺(Ananda temple)是緬甸歷史上很重要的佛寺，由康瑟達王(Kyanzitthar r 1064 1113)建造，於西元一○九○年落成。

阿南達的巴利文ananta，無量的意思，表示佛的知識是無窮無盡。是緬甸早期佛塔的代表作，也是蒲甘平原最大最精細美麗，也保存得最好的一座佛塔，塔身潔白，中央結構誠十字型，總高約51公尺，每邊長53公尺，裡面有四尊高9.5公尺的金身立佛(釋迦牟尼佛與過去三佛)，分別是東方世拘那含牟尼佛、南方迦葉佛、西方釋迦牟尼佛、北方拘留孫佛。釋迦牟尼佛之前，有木刻的康悉達王與國師阿羅漢，也都貼了金箔。不知道是不是他們本來的面貌？塔身的周圍還有1500幅釉磚浮雕，情節皆取材自佛「本生譚」。

除了虔誠的信仰與高超的藝術品味，康瑟達王在政治上也極有天份。他在一塊石碑上鑴刻著：「我以右手供給人民衣食，以左手擦拭他們的淚水。」。如果真是這樣，那他真是位不世出的明君。

蒲甘 [07] 鑲嵌在平原上的
一顆寶石

納拉帕帝悉都Narapatisithu (r1174-1211)在位三十七年，建有不少塔寺，其中著名的，是蒲甘的高島帕林塔寺 (Gawdaw-Palin) 及蘇拉摩尼塔寺 (Sulamani)。

位於阿南達佛塔寺的東南，達摩楊濟塔寺東北，編號第748號的蘇拉摩尼塔寺 (Sulamani Temple) 是蒲甘王朝全盛時期 (約1170-1300) 最重要的佛塔，也是緬甸建築史上不朽的作品。以功能而言，它實際上是一座包含可以舉行宗教儀式的大殿、可供講經的學院、供藏經的藏經閣，以及許多僧侶住宿的單人小室。

蘇拉摩尼在緬文的意思是「皇冠上的寶石」，或是「小紅寶石」。可見當年是何等精心地設計並且建築這座寺院。

在建築風格上，金字塔外型與高島帕林塔寺極為類似。在建築體的外部轉角處以石材堆砌成半露方柱，使其更能承受自然因素如氣候與地震等摧殘。內部採光佳，佛像造型多樣生動，特殊風格的壁畫作品精美且豐富。

蒲甘　149　鑲嵌在平原上的一顆寶石

蒲甘 08 在混亂狀況之下產生的傑作

　　往南來到編號第771號的達摩楊基寺院（Dhammayangyi Temple）。這間寺院是蒲甘最大最魁偉的佛寺，每一邊長達七十八公尺。關於建築物本身與誰建築這巨大的寺院仍有相當大的爭議。很有可能是納拉圖王（Narathu, r 1167-1170）短短三年殘暴執政的期間所建築，然而也有學者認為是他的父親阿瑙悉都王的手筆。

　　每次經過這壯觀的建築，總是很難將視線移開，令人聯想到這位病態的國王一連串令人髮指的罪行；納拉圖王將他的父親悶死接著又暗殺兄弟。最後他在一位妻子（來自印度的公主，曾經也是他父親的妻子，後來被他處死）的印度教儀式葬禮上，被公主的父親指使的八個偽裝成神職人員的殺手所暗殺。因為達摩楊基塔寺是蒲甘平原上第一座具有錫蘭風格的寺院，也有學者假設可能錫蘭使節也參與了暗殺國王的陰謀，一連串混亂的罪行在當時竟成為詭譎的國際政治事件。與早先完成的阿南達寺院一樣，達摩楊基寺院的建築基座是希臘十字架形狀，外型有六層向上傾斜的巨大階梯狀構造，像一座巨大的金字塔一樣。面向東方的達摩楊基寺院是蒲甘寺院中最傑出磚造建築，也是精緻工藝的代表。據傳聞，納拉圖王威脅工匠，只要他能以針刺進磚塊之間的縫隙，就將他們處死。後來因為國王的謀殺事件，這寺院從未真正完成，憑添了許多神秘的傳聞。

　　塔寺的內部有兩層樓高的迴廊，為了採光而設計了許多尖拱窗口。建築中心為每邊長25公尺的立方體，因為長久被封閉，有人猜測是實心的構造，也有人稱裡面放置著包覆著金箔的納拉圖王遺體。

　　此寺院最吸引人的，莫過於高聳的內部空間，與眾多造型特殊的佛像。未完成的荒涼感更有進入時光隧道的錯覺。幸好這間佛寺未曾受到地震太大的傷害，還能保存良好。可以說是全蒲甘最特殊的寺院了！

蒲甘 09 聖潔的光芒

　　沿著阿奴律陀路往南，距離新蒲甘大約500公尺處的納格雍塔寺（Nagayon Temple）是由康悉達王建造，約完成於西元一〇九〇年，與阿南達寺院相同時期，是最典型孟式（Mon）的寺院建築。

　　寺院是由單層的結構構成單一大殿的建築。約二十公尺高的大殿的頂部以尖拱形來抗拒地心引力，樣式陳舊的迴廊環繞中央大殿。

　　編號1192號的納格雍塔寺一如蒲甘其他早期的塔寺，在稠密的磚塊疊砌之間，開著狹窄的格子窗口，僅供少亮光線進入室內，營造像山洞般的空間感。這樣的概念是承繼自印度的宗教概念，他們認為在山中洞穴較能發揮修行的效果。所以禮拜

佛也是需要相同的環境才能達到最好的效果。

自穹頂傾瀉而下的微弱光芒,直接照射在大殿裡面三尊站立的佛像身上。這樣的效果很像梵諦岡聖保羅大教堂祭壇上代表聖靈的鴿子,光線的設計讓人昇起神聖敬畏的感覺。豐富的壁畫色調妍麗,主題多圍繞佛、菩薩與眾天人。

從這間寺院開始我發現了壁畫越來越精美,也對於蒲甘的古蹟更加傾倒。因為壁畫不准拍照,所以有許多年輕人販賣號稱是自己「手繪」的畫布。不管是不是真的他們自己畫的作品,看過壁畫之後真的不會想買那種作品。

坐在寺院圍牆上曬太陽的時候,一群當地人圍過來攀談。聽他們說才知道原來是在寺院的庭院裡販賣遊客紀念品的「老闆」們,因為沒有遊客所以都來找我聊天。七嘴八舌問了一些問題之後,他們問我認不認識翁山將軍[註1],來到緬甸怎麼可以不知道人家的國父是誰,當然知道囉!歐巴桑很開心地拿出一張舊鈔票給我看,上面正是翁山將軍的頭像。她像個偷吃的小女孩,靦腆地問我要不要買。所有的人都笑開了,他們都跑回去攤位拿了一些鈔票來給我看,指導緬甸歷史上有哪些民族英雄與領導人。

直到離開納格雍塔寺時什麼也沒買,可是那些生意人都很熱情地道別。有個老闆叫做尼翁(Nyein Aung)還跟著

我到對面的索耶敏吉佛學院（Soemingyi Monastery）。編號第1147號的這間十一世紀的佛學院幾乎全毀於地震，目前木造建築早已不見蹤跡，僅見磚造建築的殘骸。

尼翁告訴我，東方面向馬路這邊是原來的門廊，西邊原來有兩層樓高的大殿，而南邊與北邊原來都是許多小間的居室圍繞著矩形的廣場。他說佛學院原來有圖書館（藏經閣），不過他不是很確定是哪一堆磚塊。沒有他的說明很難想像這佛學院原來的模樣。尼翁說他自小在蒲甘長大，西元一九七五年七月八日下午六點的那場大地震他印象很深刻，連幾分幾秒發生都記得很清楚。或許他賣的東西我們不需要，但是這麼了解蒲甘又純樸的好人實在很適合當導遊。我答應他回國後向朋友推薦來到蒲甘要找他。

告別了尼翁之後繼續往南，騎腳踏車約二分鐘的時間，拐入左邊岔路來到編號第1085號的祅衍阿瑪佛寺（Seynnyet Ama Temple）。外面擺攤賣紀念品的人照例緊跟著進入寺院，通常他們會好心地帶你上塔，或許跟你攀談幾句。等到你要離開時才跟你推銷他販賣的東西，這種推銷方式比較笨，但是讓人對於緬甸人的印象很好。來自歐洲的遊客很少會購買他們販售的紀念品，通常他們的服務都會落空。

在祅衍阿瑪佛寺我被一位美麗的少女纏上了，害怕美女的我一直拒絕，請她不要浪費時間在我身上。她仍然帶著我東鑽西竄上到二樓的第三層壇台，這麼複雜又狹窄的通道沒有人帶的話自己不知道要摸索多久。完成於十三世紀的這座寺院在地震中受到很大的傷害，有些磚塊都垂垂危矣，奉勸身手不夠矯健的人千萬不要冒險。

正在納悶為何要這麼辛苦爬上來，轉個角就看到寺院旁邊編號第1086號的祅衍尼瑪佛塔（Seynnyet Nyima Zedi）。這是一座緬式的磚造佛塔，可以說是我所見到的除了雪濟宮佛塔之外，就她最美了！原來這裡是最適合的角度，佛塔的外型已經超越「美」這個字眼，唯有「莊嚴」二字可以形容。目前我們並沒有確實的證據可以得知何人以及確實的建造年代，有考古學家就樣式來推測，佛塔可能建於十一世紀。

註1　帶領緬甸脫離英國殖民與日本勢力的緬甸國父。

蒲甘 [10] 難以挽回的紅顏

如果整個充滿古蹟的蒲甘是一個博物館,那位於舊城東南方三公里處的敏南都村 (Minnanthu Village),編號第477號、478號、479號的帕雅東殊三連塔寺 (Paya thonzu Temple) 與編號第482號的坦布拉塔寺 (Thambulla Temple) 就是這博物館中,專門展示十三世紀畫作的展覽廳。

由於各國學者的積極研究與發掘,緬甸當局也發覺這些壁畫的珍貴與藝術價值,帕雅東殊三連塔寺現在已經禁止遊客拍照,甚至坦布拉塔寺大門深鎖,一般遊客根本無緣一窺堂奧。

帕雅東殊三連塔寺 (Paya thonzu) 建造於十三世紀末期,一二八七年蒙古人第二次來襲,攻陷蒲甘城的那年才只有完成其中兩座,而三塔的頂端也是二十世紀才完成的。寺中的壁畫,畫有菩薩與女神擁抱的姿勢,雖然姿態含蓄而優美,顯然受到印度晚期的薩克提 (Sakati) 派 (性力派) 佛教的影響。而菩薩的信仰,也與北傳佛教有關係,所以有些人就判定當時緬甸的信仰也包含大乘佛教。既然蒲甘王朝的國王都崇拜那陀與印度教的神祇,為什麼寺院中不可能出現菩薩?

撇開宗教派別的問題,還有一項有趣的巧合,就是建築方面的問題。目前我們在蒲甘遺跡之中可見的遺跡最早的都建於十一世紀,更早期的不是湮滅在歷史的洪流就是毀於歷來數次大地震。

蒲甘

157

難以挽回的紅顏

佛塔與佛寺的建築都是由許多尖塔與尖頂拱門組成，向天際伸展的塔很像歐洲哥德式建築。因為緬甸古代的佛寺建築都是底部較厚重，越往上越輕盈，所以不需要哥德建築的扶壁（buttress）或飛扶壁（flying buttress）來支撐，但是在坦布拉塔寺裡面可見到典型哥德式建築的有稜筋的穹隆。

當然不是緬甸人學歐洲建築方式，因為最早的哥德式建築也是出現在十二世紀^{註1}，純然是有趣的巧合罷了。也因此，在

這些古代的佛教建築當中體驗到的經驗是跨越東西方，甚至宗教上的差異。在人跡杳然的寺院中攝影，以及一起登上塔頂的幾乎都是白皮膚的歐洲人，有時甚至已經忘記了身在緬甸，好像置身在不知名的異空間，忍不住要問：「這是哪裡啊？」

初看坦布拉塔寺實在不覺有何特殊之處，只是又一間被地震摧殘得很嚴重的寺院。當管理員開啟鐵門的一剎那，裡面的壁畫發出萬丈光芒，我彷彿被觸電一般，忍不住發出驚嘆聲。

坦布拉皇后（Thambulla）是康悉達王

眾多妻子之一。阿奴律陀王並不是把王位傳給康瑟達王，是因為繼位的修羅王（Sawlu）平定庇古末果反被俘，後來失位被殺，全國大亂。康瑟達王起來與敵人征戰，在艱辛的情況之下終於安定局勢，中興王室。

康悉達王還是王子的時候，曾經得罪過父王，為逃避嚴厲的懲罰而躲避到鄉間，在那兒多情的王子認識了美麗的坦布拉並結為夫婦。緊接著康瑟達王又忙著平定內亂，他們相聚的時間其實很少。後來好不容易坦布拉王后為國王生了一個兒子拉嘉庫瑪（Rajakumar），可惜當時康瑟達王已經立了外孫阿瑙悉都為太子。

為國王生了王子之後，皇后很快就去世了。從她建造的寺院可以得知這位皇后一定非常美麗且深具品味，因為紅顏總是多薄命。

這間寺院就是皇后坦布拉所建。壁畫上所繪的菩薩線條柔和色彩豐富，充分顯現慈悲的主題。又有許多典出「佛本行經」的壁畫，如有名的「醉象調伏」。也許是因為缺乏經費與修復壁畫的技術，當局除了關閉這間寺院，還用草蓆遮蓋在大門外，避免壁畫受到紫外線的傷害。看到逐漸殘敗的藝術瑰寶以簡陋的措施應急，令人難過，這麼好的古代遺產如果不立即修復並且予以保護，下場實在堪虞。

註1　建於1137年，法國的聖丹尼（St. Denis）教堂，被視為最早的一座哥德式建築物。

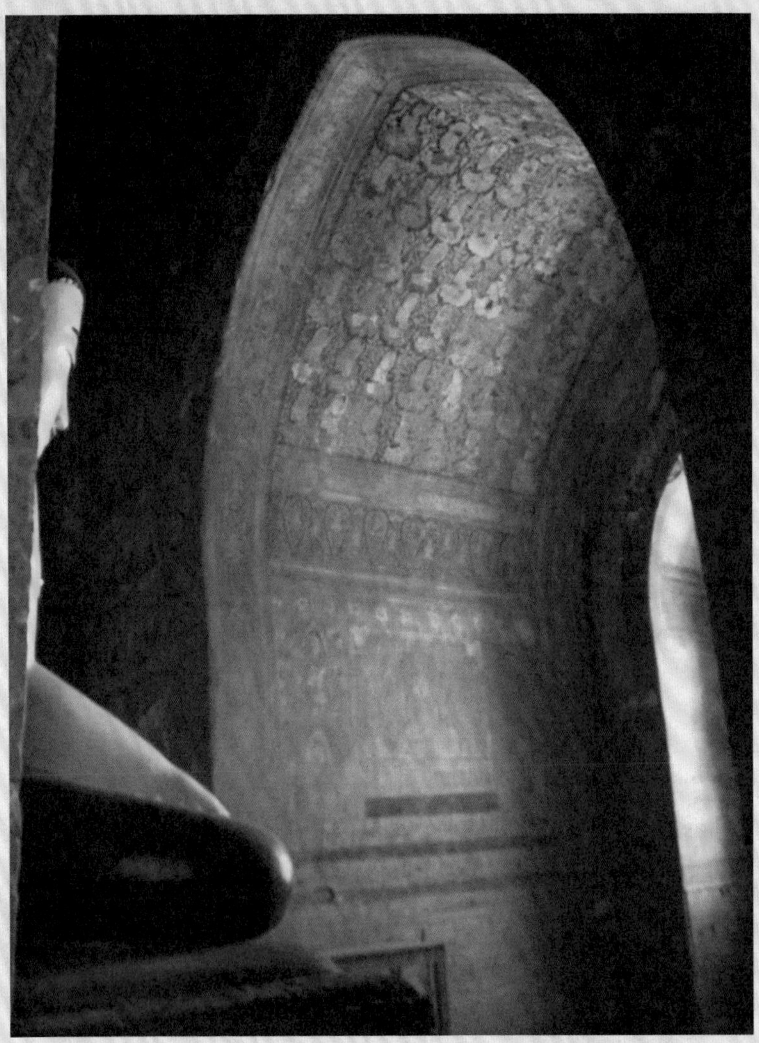

蒲甘 ¹¹ 日落派對

跟馬車夫約好午休之後再來飯店接我，因為要出席黃昏時候舉行的一個派對。不必盛裝也不講行頭，歡迎大家來參加。

本來打定主意不租馬車，騎腳踏車可以運動又自在方便。整個大平原隨便都可以找到被遺忘的寺院或佛塔，腳踏車一丟就可以享受完全屬於自己的歡樂時光，在涼爽的樹蔭下或閱讀或睡午覺，如果是喜歡打坐的人，可以在佛像之前打坐。在此，時間對於瑜珈行者而言是靜止的，一剎那即兆載永劫行^{註1}。

到了黃昏時候該去參加盛會了！坐上馬車來到阿南達寺院以南，達摩楊基寺院以北的觀夕陽聖地，雪祅道佛塔（Shwesandaw Pagoda）。阿奴律陀王所建，

編號第1568號的雪祅道佛塔建於一〇五七年，壯觀又不失優雅。她外型的美是因為最底下兩層八角形的底座搭配其上的五層塔基，典雅的線條又富有變化。最上層的鐘形佛塔身形纖瘦直指天際。

到達塔底的時候，只見已經停滿了密密麻麻的馬車，這情景很像舉行宴會的皇宮外停放著貴族的馬車，頗有古風。販賣紀念品的攤位前許多小孩叫賣著名信片，每天這個時刻是他們大展身手的時候，因為平常時間遊客總是零散在蒲甘平原的各處，唯有此時此地才會聚集在同一處。

塔的四面各有一道大約六十度斜角幾近垂直的階梯，可爬上五十公尺高達塔基的最頂層。當我抵達的時候已經是午後五

點整，面向西邊伊洛瓦底江的方向每一層都有許多人在等待。很幸運地在最高層找到位置，我的馬車夫很厲害，在地面上還可以從人群中找到我，開心地跟我揮手。周圍都是來自各國的遊客，這些人如果以佛教的角度看，應該都是屬於彌勒信仰，嚮往西方極樂淨土的淨土宗信徒。

一位中年女士在嚮導的扶持下，氣喘吁吁地爬上我們這一層，看她這麼辛苦我好意問她：「妳還好嗎？」；沒想到這位女士竟然興奮的誇我帥，還吵著要幫我拍照。原來西方中年人的審美觀這麼特別，較合理的解釋應該是我讓她想起了自己的兒子吧！

根據飯店的時刻表，今天的夕陽時刻是午後五點二十分。時間一到，太陽準時變色，從耀眼的金光變成溫柔的橙紅色，錯落在樹叢之中塔群的身影逐漸模糊，進入永恆的涅盤境界。

一時，人們停止了交談，繼而響起卡擦卡擦卡擦……的快門聲。為了觀賞平原上的夕陽奇景，各國不分種族的人們聚到一起，讓人幾乎要相信這娑婆世界總是平靜又祥和。

當夕陽消失了之後，人們迅速從塔四邊的階梯離席，退場的速度可以媲美夕陽的短暫。人們都沒有發現這時候的塔頂，月亮已經高懸天際。

註1　無量壽經卷上所說(大一二．二六九下)：「於不可思議兆載永劫，積植菩薩無量德行。」

蒲甘 [12] 今夕復何夕，
共此燈燭光

看夕陽其實不必跑去雪祆道佛塔。我住的小屋是殖民地式的單層建築，除了面向伊洛瓦底江的床邊有大片的景觀窗，屋外寬敞的前廊上也放了長椅與茶几，可以坐在這裡喝茶，一邊欣賞伊洛瓦底江的夕陽美景。洗完澡之後，再到河邊的露天餐廳享用星空下的晚餐。

習慣於午後在飯店的泳池游泳或是作日光浴，靜靜的接受陽光烤炙期待成為健康的巧克力人。四周為古代的佛塔所圍繞，有生活在古蹟當中的奢侈感。

在蒲甘的最後一夜，用餐之後望著黑暗中深邃的河水，微風輕拂燭光閃爍，對岸的佛塔燐光明滅。試著回想過去幾天在這兒的生活，如夢似幻，此刻一點都想不起來。突然那首「La Vie En Rose」的旋律出現在腦海中：「Je vois la vie en rose」。這是像玫瑰一般的人生。雖然俗氣但是拿來形容我的心境倒是很貼切。

喜歡玫瑰花的女士都會說：「玫瑰即使不叫玫瑰，亦無損其芳香。」。我想，蒲甘的遺跡就算不被世人承認其價值，亦無損其偉大。

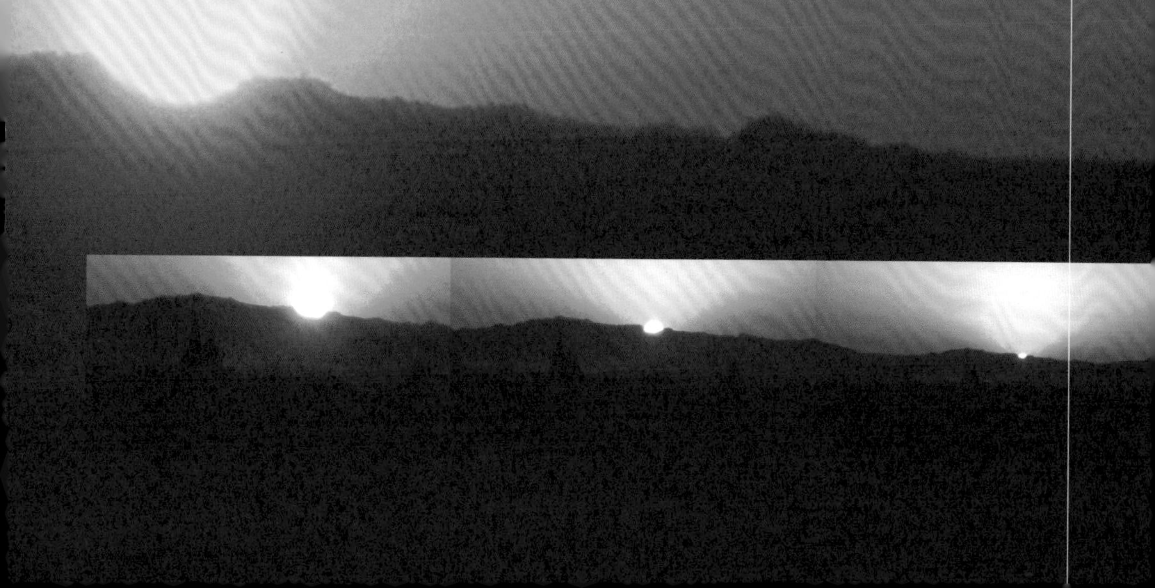

Bagan

蒲甘

163

今夕復何夕，共此燈燭光

蒲甘¹³諸神的家—
聖山波帕 Mt Popa

大家都知道希臘有個奧林帕斯山，山上住著眾神，還有許多神話故事。緬甸也有一座聖山，山上住著從遙遠的古代至今所有精靈與37位那陀Nat。除了那陀還有關於煉金術士(明咒師)的傳奇。

距離蒲甘六十公里，約一個半小時的車程，遼闊的伊洛瓦底江(Ayeyarwaddy)沖積大平原上，拔起一座海拔一千五百一十八公尺的火山(目前是死火山)，火山旁即是著名的波帕聖山。波帕(Popa)梵文意思是「花」，形成於二十五萬年前一座寄生火山。此山高七百三十六公尺。山頂面積平坦，建有寺廟與佛塔。對緬甸人而言它是座神靈出沒的聖山，因為不了解緬人的信仰，對觀光客而言，那是座謎樣的山。這裡是緬甸人泛靈信仰的聖山，充滿許多傳說與神話。

波帕聖山是諸神與精靈的故鄉，從尚未有文字紀錄歷史的時代，人民崇拜各種自然現象，即是萬有神論，精靈信仰(Animism)，他們相信所有動物、植物、大地、山、川等以及風、雨、雷、電都有神靈職司。歷代國王每年都會率領臣民登上波帕聖山，舉行盛大的祭拜儀式。不過這樣的儀式也曾經有瘋狂的一面，甚至與佛教神秘教派阿利僧派(Ari)註1結合，大規模動物犧牲的祭拜，然後舉行飲酒啖肉狂歡到天明。一直到蒲甘王朝的阿奴律陀王(Anawrahta巴利文Anur uddha，r1044–1077年)，才明令禁止放蕩的儀式，並且獨尊上座部佛教。

欲到山頂得從37位那陀(Nat)的神廟開始拾階而上。附近許多猴子三兩向人討食，一點也不畏懼生人。在南亞地區常常可以見到許多猴子，每次看到猴子爭食就像看到人貪婪、自私的一面，不禁厭惡起自己並且感到羞愧。牠們仗著群體的勢力，連凶惡的野狗都不敢反抗。但這裡是聖地，「本生譚」上也記載，佛陀有一世曾經是猴王，所以虔誠的緬甸人對於猴子很客氣，況且這些猴子極有可能是神靈化身，所以朝拜者要恭敬並且買食物給牠們吃。許多熱愛攝影的西方遊客，特別喜歡拍攝猴子的特寫，對他們而言這個題材的重要性僅次於拍攝聖山全景。

這裡許多小販販賣芭蕉與鮮花，除了可以供佛，也可以供Nat。芭蕉非常好吃，甜度高又帶點微酸，是很好的食物，難怪緬人要拿來供養神靈與佛。波帕山有項禁忌，就是不得在山上以豬肉祭拜，也不得在境內食用豬肉或是豬肉製品。因為37Nat中，有兩位兄弟Shwe Phyin Gyi和Shwe Phyin galay他們的父親比亞塔(Byatta)是來自印度的回教徒，所以傳說在波帕山食豬肉會發生很糟糕的事情。嗯，有多糟糕呢？輕則生病，重則性命遭遇不測，小命不保。

註1 根據緬甸高僧巴納薩彌Pannasami所著的巴利文『教史』Sasana vamsa，稱其僧團的僧侶為偽僧，與佛教無涉。

　　望著如此陡峭的階梯，相信每個朝聖者攀登之前都會先吞一口口水。攀登盤旋而上的階梯可以測試出一個人的心肺功能好壞，不論年紀多寡。管你有多麼年輕，平時若不鍛鍊體力此時立見高下。到達山頂大約需時四十五分鐘，甚至超過一個小時，視個人腳程而定。半山處有小型佛塔供人膜拜頂禮，對於體力不佳的人而言，可以暫作歇息或是以山下大平原為背景，互相拍照留念。有一位腳微恙行動不甚方便，來自台灣已經八十多歲的老先生，憑藉著虔誠的心與毅力，柱著枴杖一步步往上走。同行的年輕人受到激勵也都不敢喊累。

　　回頭往下望，只見每個人都喘著氣，面紅耳赤像生氣的表情。

　　山頂的佛寺建築群像一頂皇冠戴在波帕山頂，佛寺的建築都不大但是寧靜且肅穆。由此眺望整個伊洛瓦底江沖積大平原非常壯觀，真是個遺世獨立修行的好地方。參拜之餘我坐在廊下的階梯上吹風，在充滿靈性的氛圍之下，聽當地人述說諸神的傳奇往事，這些故事往往有些悲傷，甚至殘忍而恐怖。

　　所有37位那陀幾乎都是冤死，之後憤怒地報復、瘋狂作祟，後來被人祭祀並且轉而保佑人民國家。殘忍的故事總是令人不舒服又害怕，但是想到那陀們都能捨棄怨恨最終成為弱勢的老百姓的守護神，還真不容易。

蒲甘 ¹⁴ 受愛戴的明咒師

　　除了那陀信仰，波帕聖山上還有一位很特殊的人物，當年就是在這山頂修行並且在此往生。雖然已經往生，可是他仍繼續出現在全緬甸許多地區。常常有人聲稱見到他，甚至受到他的幫助。這也說明了為什麼到處都可以見到那位修行人（跟他師父）的雕像或是照片、畫像。你問一般當地人，他們會告訴你他是個賢者，是阿羅漢。可是也沒有見到哪位已經成為阿羅漢的高僧大德如此受到歡迎，簡直是偶像了。

　　說是偶像一點也不誇張。第一次見到波明亢（Boe Min-Gaung，1888-1952）的照片時，還以為他是一位性格明星，尤其是許多人在他雕像的手上放著點燃的香煙，看起來多了一分瀟灑不羈的風流，非常親切。他讓我聯想到貓王（Elvis Presley）。

　　波明亢的師父波波昂（Bo Bo Aung）是一位著名的明咒大師，他們有許多神奇的事蹟為人傳誦。波明亢真實的身分是一位明咒師，雖然未曾出家，不是正統佛寺裡

的僧侶，但是他遵守佛教的戒律並且修行得到很高的成就，他的成就在全國各地施展的神蹟顯現出來；例如他會突然消失在一團火焰當中，還有施法淨化人心，避開危害。他的追隨者普遍相信他就是未來佛，也有人說他是等待並且迎接末來佛的轉輪聖王，所以並未涅槃。

在他修行與往生的佛寺中，他的肉身被塑造成神像，與佛像一起供人膜拜。所使用的寢具與一切用品都被保留下來，床上、波明亢的塑像身上，到處塞滿了紙幣，可見其受到崇拜的程度。

或許你會覺得他比較像個魔術師，跟佛教的教義沒什麼關係。的確明咒師在緬甸的另一個涵義就是煉金術士，他們可以煉製「賢者之石」，並藉以製造黃金。

從許多古代的傳奇故事中，那些勇士或是與具有神力的人，憑藉著他們的「賢者之石」行神奇的事蹟。可見煉金術在緬甸從古代一直風行到20世紀(波明亢是20世紀的人)，算是傳統之一。

雖說是傳統，可是根據我所接觸的知識份子與年輕人，他們不願意也不甚了解關於煉金術方面的事情。別以為緬甸人對於煉金術的迷戀是迷信、不科學的落後表現。歐洲中古時代也盛行煉金術，也煉製「賢者之石」。直到現在各國對於神秘學的熱衷研究者，都不乏其人，只能說人都傾向於對超自然與神秘主義的好奇，更深一層探討，我認為煉金術代表了緬甸人對於安定不虞匱乏的生命的渴望。

蒲甘 ¹⁵那時五月

黃金香木花

尊貴的全能支配者，請聆聽我祈求　我來自波帕峰頂林蔭深處　此刻正是盛開一片金色閃耀著希望光芒的季節　滿山遍野綻放著芬芳的花朵　黃金香木花

尊貴的全能支配者，請聆聽我祈求　這位少女不至辱沒　黃金香木花之名　純潔而甜美，並擁有柔軟細緻的膚質。　她的情人在遠方，因職責而奔波

尊貴的全能支配者，請聆聽我祈求　從小青梅竹馬一起長大　是表親，是遊伴，並且許諾終生　是我未來的伴侶，此生的唯一　是我所奉獻全部，永恆的愛　一心只對他忠實　他將擠身我祖、父、兄弟、親族之列

少女的未婚夫穿著燦爛奪目的盛裝　新穎而清爽的剪裁使他健壯的體格更顯英姿煥發　飛黃騰達非他莫屬　少女的最愛無人可匹敵

在第十世紀至十三世紀末，曾經波帕聖山附近種滿了金香花木，每當花朵盛開的季節，整座山就像是貼了金箔，在陽光下閃耀金色的光芒。少女在一片花海當中徘徊，祈求天神保佑未婚夫平安，並且早日歸來與她相聚。風將少女的長髮吹散，隨著花瓣飛揚。嬌嫩似水的青春少女與盛開的花朵相輝映，一點也不遜色。

黃金香木花常常被用來形容純潔的少女，或是強烈的思念與孤寂的心。這首詩是關於一則淒美浪漫的神話故事，比亞塔（Byatta），因為參與至打端（Thaton）尋找巴利文佛經有功，被阿奴律陀王擢昇為獻花的武將，他的職責是每天到波帕山採集黃金香木花，然後獻給朝廷。然而他卻在波帕山區認識了一位少女梅烏娜（Mai Wunna，其實她是精靈），並且陷入愛河。因為延遲回王城而觸怒國王，最後被處死。

另有一說則是指此詩的敘述者是掃梅雅，她敘述的浪漫故事就是歷代帝王供奉的此山之山神－摩訶祇利（Mahagiri Nat）跟祐登妃（Yoldenface Nat）鐵匠姊弟的故事。掃梅雅就是後來成為祐登妃那陀，這故事的女主角。

根據緬甸年代紀「琉璃宮大王統史」記載，古代位於伊洛瓦底江上游的塔貢（Tagaung）國內一位叫做蒙天狄（Maung Tint De）的鐵匠，是著名的鐵匠烏天道（U Tint Daw）的兒子。他具有非凡的神力。當他打鐵時，總是以單手拿著八十公斤重的鐵鎚，每敲一下大地都為之震動[註1]。塔卡翁國王懼怕他的神力以及製造武器的技術，唯恐被篡位，下令拘捕他。蒙天狄就躲起來。

由於抓不到鐵匠，國王便設計娶了鐵匠的姊姊掃梅雅為后，並且讓王后勸服她的兄弟來歸順國王。不料這只是個陷阱，

當蒙天狄一出現立刻被抓起來，並且綁在金香花樹上焚燒而死。王后悲憤之下也躍入火中，自焚身亡。

兩人死後成為那陀，寄生在金香花樹作祟，使接近的人畜無故死亡。塔卡翁國王畏懼那陀的報復，便將此樹砍下丟到伊洛瓦底江中。當此金香木漂流到下游時，被當時蒲甘國王坦雷查溫拾起，並且以這木材雕刻姊弟兩人的形象，供奉在波帕聖山。兩位那陀也成了聖山的山神，守護此地以至於整個國家。

這是每年皇室在波帕聖山舉行盛大的摩訶祇利那陀姊弟祭典儀式的濫觴，不管哪個朝代都沒有例外。這項傳統一直持續到十九世紀。後來雖然王室制度瓦解，但是每年「Nattaw」[註2]月人們仍持續在波帕聖山舉行摩訶祇利那陀祭典，成為緬甸民間的年中行事。

註1　有學者指出，傳說的這部分跟波帕山附近古代火山活動引發地震有關。
註2　緬曆十二月，也就是新年前夕。

蒲甘 *173* 那時五月

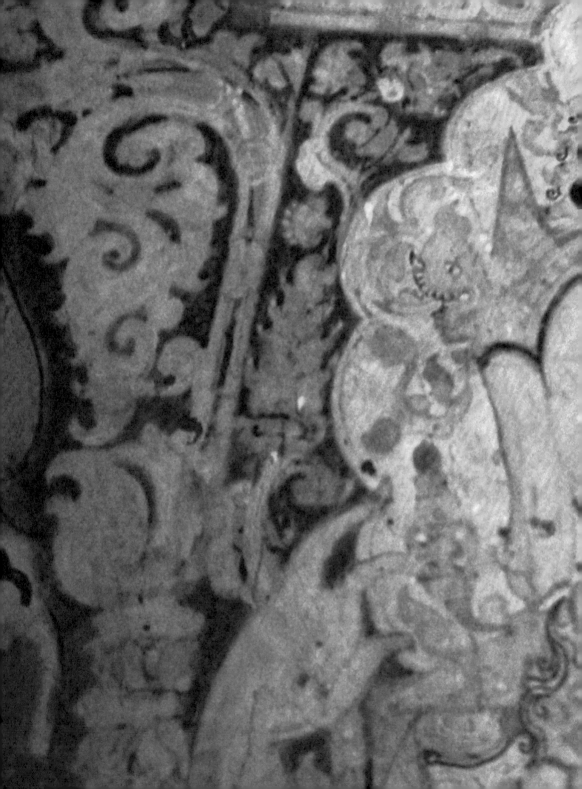

六、拿巴里海灘

我到過天堂──夢幻海灘
抹月批風以娛客
最後的晚餐
月之頌

拿巴里海灘 *01* 我到過天堂
—夢幻海灘

我一定得再次出海，因爲那奔騰潮水的呼籲，是那樣粗獷而清晰得叫人無法峻拒...。
「海戀」Sea Fever．約翰梅斯斐 John Masefield 1878-1967

拿巴里海灘(Ngapali Beach)，緬甸人稱她為「東方的拿波里」。她未曾受到污染有如女神那樣高貴、寧靜，是以珊瑚礁與貝殼裝飾，童話故事中的人魚。是緬甸人心中遙不可及昂貴的西方極樂，對歐洲遊客而言，她是超脫現世的夢幻之境，一塊無諍的海角淨土。

曼德勒喜多娜飯店的櫃檯人員有點誇張地伸出大拇指，盛讚拿巴里之美。問他去過沒有，卻靦腆笑笑，原來是聽去過的飯店住客說的。

在飛向拿巴里的機上，機長提醒乘客們即將抵達，並請大家注意窗外的海岸線風光。三公里長有如粉末般潔白細緻的沙灘，綿延在仰光西北方，瀕臨孟加拉灣的海岸線。地面上的椰林與錯落在海邊的飯店建築，都清晰得有如伸手便可觸及。像是曲終人散仍意猶未盡的華爾滋舞者，機長善解人意地於上空盤旋了一會兒，之後才飛入沙灘降落地面。

原來機場的跑道就在海邊。

曾經這兒是少數歐洲人口耳相傳的秘密渡假聖地，設備簡陋且數量稀少的客棧連起碼的旅客都容納不了。直到緬甸當局全力推展觀光業，這裡開始有歐洲人來投資興建高級的resort或是平價的海邊小屋。神秘的拿巴里海灘成了全緬甸最昂貴的渡假聖地。雖然遊客仍然不多，不過再也不必擔心來此無處可住，也無需預定飯店。所有飯店都會派接駁車在機場外等候抵達的旅客，你可以抵達時再做選擇，選定了飯店就直接上他們的車。

幾乎所有緬甸的旅館飯店服務都很好，價格差別在設備完善與否。這兒有德國人開的客棧，有義大利跟新加坡還有英國人投資的幾家高級resort，各家的設計風格各不相同，其管理服務的文化也各有特色。

　　喜歡玩香蕉船、水上摩托車、拖曳傘等水上娛樂的人，奉勸您別來這海灘，因為你將會很失望。這裡什麼都沒有，浪小無法衝浪，見不到觀光團，也沒有小販來糾纏、推銷，更不要說是喧囂的海灘 lounge bar 或是沙灘上的餐廳。我想，所謂「海角天涯」不過就是這樣的地方吧！

　　南方的海岸線平直，往北大約兩公里處開始出現弧度，向西北延伸出一個海岬。大部分的飯店都集中在海岬以南，整個沿岸沙灘的北半部。這裡一如歐洲的海灘，人們不是躺在沙灘上作日光浴；就是靜坐或閱讀，也有沿著水邊散步的情侶。

　　十二月南亞的艷陽火力充足，由於海岸線面向西方，午前的陽光都被椰子樹擋住，所以早上適合游泳或出海浮潛等海中的活動，中午過後至黃昏則適合在沙灘上日光浴。

　　海灘的每一天都沉浸在靜默的狀態。南邊的海灘絕少人跡，午後躺在沙灘上日光浴，久久不見人影。這景象很像塔可夫斯基[註1] 作品的長鏡頭影像，外面的世界太遙遠，海邊孤獨境界的寂寞容易讓人產生「永恆」的錯覺，孤獨可以深化心靈，潮汐漲落，日月逾邁，星移物換，人得以直接與大自然對話，聆聽生命炙烈的風暴。

註1　安德列‧塔可夫斯基 (Andrei Tarkovsky，1932-1986)，俄國導演。是俄羅斯近代最重要的導演。作品有《伊凡的童年》(Ivan's Childhood，1962)，《安德烈‧盧布耶夫》(Andrei Rublev，1969)，《鄉愁》(Nostalgia，1983)，《犧牲》(The Sacrifice，1986)，《飛向太空》(Solaris，1972)，《鏡子》(The Mirror)，《潛行者》(Stalker，1979)等片。

拿巴里海灘 02 抹月批風以娛客

與海岸線平行有一條寬約五公尺的主要道路。一邊是外國人住的昂貴飯店與resort，另外一邊除了路旁一間販賣貝殼藝品的小小商店與幾家海鮮燒烤店，還有隱藏在叢林中的村落。僅憑窄窄的道路，間隔了兩個孑然不同的世界，滿足二十一世紀中上階級休閒的海灘美景，與仍然停留在原始農業生活方式的村落，各自生活在屬於自己的世界，互不侵犯。

小徑的盡頭彷彿淹沒在荒煙漫草與樹林之間，緬甸傳統的高腳屋隱約可見，屋前通常都堆著柴火。因為沒有瓦斯或電熱水器燃燒熱水，人們都在午餐過後露天洗澡，一不小心就瞥見。不過你可以放心，他們都著衣洗澡，不怕人看。越往前行越像深入叢林探險，猿啼、蟲鳴、鳥叫，當真是「唧唧滿林飛」，熱鬧極了。也聽見人聲，卻不見蹤影，還有小孩躲在樹上作弄人，頻頻向你呼喚就是不肯現身。

走回沙灘的路上看看左邊當地人住的村落，再看看右邊精緻的觀光飯店，兩個世界差距這麼大，不可思議的同時存在，卻又壁壘分明。大自然是公平的，縱然因為國籍不同造成生活條件的落差，然海灘為眾人所共享。各有欠缺，也都奢侈，被歐洲遊客驚為天人的原始美景不過是當地人日常生活中取道的捷徑罷了！

拿巴里海灘 03 最後的晚餐

　　如果白天的沙灘是奔放的少年，那夜裡則像是情竇初開卻又侷促不安的純潔少女。

　　沿著長長的海岸線往北，走了將近三十分鐘來到「林塔塢」(Lin Thar Oo) 餐廳吃晚餐。目前在整個海邊，以這家餐廳看夕陽的角度最佳，且在旅遊書上的評價不錯。沙灘的最後一天，能夠在晚風吹拂下看著海面上的夕陽，吃著廚師用心烹調的食物，作為對此地美好的回憶，是很棒

的主意。然而，稍後卻發生了意想不到的體驗。

　　菜單上的菜色其實到處都差不多，就連這樣專門為歐洲人開的餐廳，菜色也都是中式或是緬式的歐式菜。因為在海灘的南端有漁村，此地的名菜是海產。可是對於腸胃比較脆弱的人，建議還是不要輕易嘗試。

　　點了湯跟沙拉之後正在考慮要點什麼

主菜，侍應生推薦他們的招牌椰漿咖哩雞肉飯。過了一會兒那侍應生又跑來解釋因為目前沒有椰漿，是否要點其他的菜或是等廚房的人去買椰漿回來，大概七點半就可以供應了。這時才五點半，也就是要等待兩個小時。然而侍應生一再保證等待是值得的，那就試試吧！

　　由於到得早才能坐在最靠近沙灘的座位，但是這裡沒有衣香鬢影時髦的男女，不像峇厘島（Bali Island）最in的澳洲餐廳"Ku De Ta"。頭頂上也沒有葡萄藤那種地中海式的高雅，不像伊比薩（Ibiza）古城內，面海的那家很棒的餐廳"Restaurante Can Den Parra"；但是林塔塢仍然令人感到舒適極了。寬鬆的Ｔ恤讓涼爽的風貫穿，

也順便安撫曬了一整天的皮膚。將剛剛在沙灘上買的貝殼拿到耳邊，傾聽從未知的世界傳來，款款低吟風的詩句。此刻太陽已經轉成嬌艷的橙色，一隻熟透了的大橘子。萬物被染上暈黃的顏色，從天空、海、沙灘一直到眼前的餐桌，一切都變得柔和。

　　沙灘上的躺椅幾乎都空了，僅剩下三兩剛下班的緬甸工人以及揹著柴火的村人，緩緩走在潮水剛退下還保持濕潤的沙地。泡在海水中一對男女還捨不得起身，他們的身影就像德布西（Debussy）的交響素描「海」（La Mer）中，那段「波浪的嬉戲」（Jeux de vages），彷彿兩個海妖潑起浪花，將水珠化為金粉努力潑向對方，並與海浪追逐嬉戲著。

這時那個點菜的侍應生走過來。「抱歉打擾您，先生！」。

還沉緬在晚霞的餘輝當中，轉過頭來看他的時候臉上掛著呆滯的笑容。

「請問您有沒有意思租船到南邊的小島一日遊？」

都還沒回過神，他又繼續說下去。「其實我是替一位住客問您，願不願意與他一起分攤租船的費用？他是日本來的。請問您是日本人嗎？」

日本人？該不會就是剛剛在沙灘上看到那個怪怪的東方男！背著大背包還戴著日本歐吉桑觀光客標準配備，那種有一圈帽沿的帽子。這才想起來他剛剛好像還在背後一路跟蹤，該不會就為了這事情吧？

「哦不是，我是台灣人。不巧昨天早上我已經去過那個小島了。」 不管是不是那個怪人都無所謂了，反正都愛莫能助。

這時隔壁桌一個熟悉的身影坐了下來，就是曾經在機上一起聊天的德國女生。呵呵，說熟悉的身影，其實也不熟啦！只是獨自旅行的人們往往像像撞球桌上的球，互相碰撞之後就各自散開，再次碰到的時候就像看到熟人一樣，好像認識很久已經沒什麼距離了。

跟她打招呼，她顯得既驚訝又開心。

「你也住這裡嗎？我怎麼都沒有看到你？」看到她驚訝的表情，內心有點得意。
「不是，我住南邊的 "Royal Beach Hotel"」
「那邊環境怎麼樣？一個晚上多少錢？」迫不及待要交換情報像是交換禮物，典型背包客的習慣。

還來不及回答，她的晚餐已經送來。「妳先吃，待會兒再聊。」果汁喝完又點了可樂。

「先生你好。」一個男生的聲音，是純正的紐約腔，標準得有點不自然。

轉過頭來，赫然看到那位怪叔叔。啊，不是啦！人家搞不好年紀還小。來人正是在沙灘上那個可疑的跟蹤者。他的帽子已經拿下來了，而且可以看到並沒有禿頭。

「請問你願不願意跟我分攤租船的費用，明天一起去小島？」

「對不起，昨天我已經去過了。」看來那個侍應生還沒有告訴他，只好耐著性子又說了一遍。

他看起來有點失望，但是好像想到了什麼，眼睛亮了一下又說：「你去過那個小島，可否給我建議？值得去嗎？那邊那位侍應生說他哥哥是船夫，可以載我出海到小島上。」

原來是這樣，難怪那個侍應生這麼熱心幫他問。

「好玩，但是不確定你會不會喜歡。可以給你看看我拍的照片。」剛好身上帶著照相機。

「你還浮潛呀！什麼時間適合下水？在小島旁邊還是距離岸邊很遠？水深嗎？浪大嗎？」

「都有，浮潛當然要挑浪比較小的地點，我不只在一個地點浮潛，船夫會告訴你哪些地點適合。早上雖然天氣冷，但是海水暖和，最好八點前出發。小島那邊的海水很深，但是清澈。」

「看起來很棒。」他很仔細地看了數位相機裡面的那幾張照片，似乎動心了。

看完照片他突然靠過來，害我嚇一跳。「那你花了多少錢？可以告訴我嗎？」

「緬幣一萬（大約美金12塊錢）。不過提醒你，一定要跟船夫要求給你救生衣，而且浮潛的地方都很深。」

溺水的糗事就不必告訴他，不過那也是因為他提供的潛望鏡又髒又舊的關係，那個船夫竟然還很得意地跟人宣揚說他救了我。想起自己的莽撞與疏忽差點沒了小命，這點一定要提醒他。

說完之後晚餐也送上來了。甜甜的椰漿飯配上不辣的咖哩，而且蔬菜太少。不過比起 "Royal Beach Hotel" 他們餐廳的菜，這裡已經算好的了。因為肚子餓，也就吃得比較快。

這時那個德國女生也已經用完餐，大家聊了起來。

告訴他們南邊很安靜，沙灘平直浪又小，且人少。德國女孩不認輸地說北灘也很安靜，環境也很好（呵呵，明明就看到許多小屋，而且覺得擁擠。）德國女孩解釋說在緬甸她從沒有住超過美金15塊錢的房間。

那個日本男孩也說都住很便宜的旅館。說完他就回到他的餐桌用餐去。

交換了行程之後才知道，這趟在緬甸去過的地方都差不多。幾個朋友找她一起來旅行。他們告訴她緬甸的自然風光優美，而且因為沒什麼建設，人們的生活方式百年來甚少改變，當然消費便宜也是吸引他們的因素之一。除了品塢倫沒有去過之外，葛勞跟蒲甘也都去過了。也去了濱迪雅山洞跟茵萊湖。之後朋友們都回德國，只有她留下來，自己一個人飛來海邊過聖誕節，而我們就是在從蒲甘來的飛機上認識的。

聊了一會兒覺得時間不早，就互相道別。這時候那個日本男孩正在跟侍應生說話，他跟那個侍應生約定明天的時間，還有問他跟他哥哥（船夫）的名字，然後用筆一一記下來。那個侍應生則是一臉不耐煩。

看看海灘怎麼變得一片漆黑，突然有點擔心自己一個人走回去是否安全，餐廳的人說不用擔心，不會有壞人。緬甸的治安的確很好，但是黑暗中會發生什麼事情實在難以預料。怕歸怕，還是要走回去。

由於緊張不覺得腳步加快，發現自己竟然小跑步了起來。

夜裡的海令人感到空虛，無邊無際的黑暗向岸邊席捲而來，幽冥而靜寂的海。奔騰的潮水呼嘯著，轟隆震耳欲聾，張牙舞爪如群魔亂舞。陷入沙子的腳步蹣跚，欲飛奔而去竟無功。

這是一個全然陌生的世界，恐懼自心底升起，雖不至於四肢顫抖，仍然讓人感到不寒而慄。

而由於沙灘上空無一人，白天時極目可見的海岸線，現下的眼前是一片黑暗。前途未卜，能做的又是如此有限，像海上遭遇風暴的孤舟，被玩弄於插天巨浪之中。旅途的孤獨與挫折不能使我退卻，總是以為堅強的自己，卻在此時幾乎被恐怖的情境所擊敗，竟然如此不堪一擊，幾欲崩潰。

回到海灘上的小屋時，我的模樣只能用狼狽兩個字來形容。

拿巴里海灘 ⁰⁴月之頌

我深深相信，這是海洋所給予的臨別贈禮。

半夜突然醒來，眼前一片白色光亮，晦蒙之際只見窗外一輪明月斜掛，微風輕拂，白色窗簾頻頻招手。是月亮還是海裡的露莎卡[註1]。

赤足走到沙灘上，銀白月光映照如一條白練鋪在海面，婆娑海水鱗波盪漾，簸弄明月。絲絨般的夜空鑲滿碩大的寶石，滿眼光輝是數不盡的的祝福，彷彿和平與幸福即將降臨人世。浪潮聲聲高唱：「哦高掛深邃夜空的月亮啊！您的光芒遍照遙遠的國度，您的足跡遍佈各地，照亮所有人的居所⋯⋯。」[註2]

註1 「露莎卡」（RUSALKA），捷克作曲家德弗札克所譜寫的歌劇。第一幕露莎卡的詠嘆調「月之誦」（La luna）堪稱歌劇史上最動聽的旋律之一。在呼喚？
註2 「月之誦」（La luna）的歌詞。

峇巴里海灘　191　月之頌

攝影｜周賢宗

七、吉諦祐

黃金岩石
隱士頭上的佛塔

吉諦祐 _01_ 黃金岩石

攝影｜李倍男

　　凌晨時候，濃霧聚集在山腳緩緩往上竄，瀰漫在整個懸崖邊緣。崖上隱約可見幾位僧侶的身影，紅色僧服在霧中特別顯眼。隨著天際呈現橙色光亮，濃霧消散，金色巨石以及其上的寶塔逐漸顯現。那隨風搖晃的巨石在第一道陽光的照射之下，渾身散發出耀眼的金黃色光芒。朝聖的人們匍伏向前，紛紛以頭、手觸摸巨石，或懺悔或祈福。有些人臉頰上流下兩道淚水，直到轉身時才以手擦拭。

吉諦祐 ⁰²隱士頭上的佛塔

「吉諦祐」(Kyaikhtiyo) 這名稱是衍生自巴利文 Kyaik-ithi-yo。「諦」(ithi) 巴利文的意思是隱士，「吉」(Kyaik) 的意思是佛塔，「祐」(yo) 則是指放在頭上。整個字的意思就是「被放在隱士頭上的佛塔」。因此孟族將此塔稱為「Kyaikhtiyo」。塔高六點三公尺，建在周長十五點三公尺的人頭形狀的岩石上。

關於巨石的故事眾說紛紜，傳說二千五百年前一位在此修行的隱士得到佛陀的頭髮，他將佛髮放在自己的頭髮間以表示恭敬，直到找到了這個類似自己頭形的巨大岩石。然後他在巨石上建了佛塔來供奉佛髮聖物。許多關於此佛塔、那陀還有精靈的傳奇故事，不計其數。

神奇的黃金岩石塔峽谷邊緣，就像被人隨意放置在海岸的懸崖峭壁上，懸空矗立在海拔一千一百公尺的邊緣，彷彿輕輕一碰就會掉落山崖。看起來像是從山崖上突出的一塊岩石，事實上，岩石與山崖並沒有完全接合。像是視牛頓的「萬有引力論」為無物。在強風吹拂之下僅輕微搖晃，甚至經歷了史上數次大地震，卻仍屹立在山崖的邊緣。

以實現人們願望的黃金岩石塔而聞名的吉諦祐佛塔，位於距離仰光大約一百六十公里遠的吉頭鎮 (Kyaikto)，有巴士或是火車可以抵達。從吉頭鎮車行二十八公里才到達山腳下的欽謗 (Kinpun)。一般自助旅行者與當地人從這裡搭乘貨車，沿著陡峭的山路到半山大約八公里。貨車

雖然便宜卻也危險，除非車上有外國人，否則車主通常會超載，滿載乘客的大貨車在彎曲且狹窄的山路上奔馳，很容易翻覆。

剩餘的四公里可選擇徒步或是搭乘人力轎子。在涼爽的季節時步行並非辛苦的事情。茂密的森林美景中，小徑上遇到其他朝聖者，在他們愉快歡欣的笑容感染之下，給你好心情，撫慰你跋涉的疲累和使你忘卻雙腳的疲疼。一旦到達山頂，眺望山下整個瀰漫在煙霧當中的海口平原，令人難忘的經驗會讓你想要再度造訪。除虔誠的宗教信仰，也有許多人相信，到此朝聖有助於他們獲得財富與健康，基於此世俗的需求讓他們每年都來朝聖。

每年十月到隔年的三月是朝聖參拜的季節。這時節成千上萬朝聖者與旅行者來到。尤其在三月的滿月日，數千位信徒圍繞著黃金岩石塔，以鮮花、水果食品，燃香，並點燃九萬支蠟燭來供佛。

幾乎到過緬甸的人都會愛上這兒的人民，不管是哪一族。因為他們簡單的生活方式、他們虔誠但是又隱含多樣色彩的信仰、他們誠懇善待陌生人的美德 。最重要的還是從他們身上所展現，崇高的性靈思想與現實需求，這兩者之間的衝突與印證。

八、仰光

緬甸的奇蹟—雪達光佛塔
二千五百年前的覺者
帝釋天的兒子
以珠寶供養
合十的雙手
一缽千家飯，孤身萬里遊；爲了生死事，乞化度春秋
若人欲了知，三世一切佛，應觀法界性，一切唯心造
應無所住，而生其心
尊者所傳授的禪修方法
「坦然不怖於生死」

仰光 01雪達光佛塔——
緬甸的奇蹟

「塔」起源於印度，梵文做stupa（直譯「窣堵波」），巴利文為「thupo」（直譯「塔婆」），英文稱為「pagoda」，緬文稱為「paya」；古印度時期的國王死後，埋在一種下有基座的半圓形覆缽式墳丘裡，稱為「stupa」；釋迦牟尼圓寂後，祂的弟子也以這種「stupa」來供奉祂的舍利子，到了後世，「窣堵波」便由國王的墳丘成為供奉高僧舍利的專門建築形式。

對於佛教徒來說，造塔，甚至禮拜佛塔都有巨大的功德[註1]，所以虔誠的緬甸人自古對於造塔是不遺餘力，全緬甸不論城市或鄉間，到處可見或潔白或覆以純金的佛塔。帝王登基，第一件事就是建造佛塔。

雪達光寶塔（簡稱大金塔）與柬埔寨的吳哥窟、印度尼西亞的婆羅浮屠一起，被譽為「東南亞三大古跡」。是仰光的地標，也是緬甸的精神象徵。其意義已經超越宗教，為各國旅行、觀光者來到緬甸必訪之聖地。

英國博物學者赫胥黎[註2]來到緬甸時，對於雪達光寶塔的印象是「莊嚴，迷人且美麗」，他說：「喬答摩[註3]的榮耀使得聖地成為月光幻境。」。今日我們以經見不到當年寶塔在月光下如夢似幻的面貌，晚間的聖地被許多投射燈照耀得如同白晝。

註1　諸經典及古來各種教說，皆謂造塔有極大之功德，如無量壽經卷下謂，起塔立像乃往生淨土之因行。另如譬喻經舉出十種造塔之殊勝果報：(一)不生於邊國，(二)不受貧困，(三)不得愚癡邪見之身，(四)可得十六大國之王位，(五)壽命長遠，(六)可得金剛那羅延力，(七)可得無比廣大之福德，(八)得蒙諸佛菩薩之慈悲，(九)具足三明、六通、八解脫，(十)得往生十方淨土。此外，造塔功德經、造塔延命經等亦舉出延壽、生天、滅五無間罪、成佛等諸種功德。

註2　Aldous Huxley(1825~1895)著作《美麗新世界》(Brave new world)

註3　釋迦牟尼佛出家前的姓氏。

仰光

205

雪蓮光佛塔—緬甸的奇蹟

仰光 ⁰²二千五百年前的覺者

　緬甸人普遍相信，雪達光寶塔的肇始，幾乎就在二千五百年前佛陀在菩提樹下成正覺的時候，也就是在佛陀住世的期間[註1]。有兩兄弟，多婆沙（Tapussa）和婆利迦（Bhallika）在印度與善法城[註2]沿海地區從事貿易經商，他們將佛陀的八根頭髮攜回緬甸。雪達光寶塔就是為供養佛陀聖髮而建。

　那時有位天女，她的前世曾經是多婆沙與婆利迦兩兄弟的母親，她知道佛陀在菩提樹下經過四十九天禁食與思惟，即將證得「無上正等正覺」，出定之後需要食物的滋養。剛好她的兩個兒子與一隊大約五百人的商旅一起在印度菩提迦耶（Bodhgaya）附近，天女化身為龍女[註3]出現在兄弟之前。她指引兩兄弟佛陀的所在，並吩咐他們精選食物來供養佛陀。

　兩位兄弟逐來到佛所，供養用蜂蜜製成[註4]的甜糕。

　為了這虔誠的供養，四位天王為佛陀準備了接受供養的缽。多婆沙和婆利迦兩人滿心歡喜地獻上他們的蜜糕，並且請求皈依佛陀門下。

　當他們要回到善法城的時候，乞求佛陀給予信物，讓他們回國之後得以紀念與崇敬。

　佛陀給了他們八根頭髮，並且指示兩兄弟在帖固塔拉山丘（Theiguttara Hill）上建造佛塔以放置聖物，為了將這樣稀有，如來所宣說的法義照亮世間，並流傳後世。兩兄弟恭敬地將佛髮放入鑲嵌寶石的寶篋內，搭船藉由海路啟程回去善法城。

註1　因為在西元一零四四年阿奴律陀王之前，緬甸的歷史並沒有可信的記載，所以這說法尚無考古學上的佐證。
註2　Suvannabhumi，古打端王國的都城。有歷史學者考據，認為即是阿育王派兩位長老傳教的「金地」。
註3　龍，梵語naga，巴利語同，原為印度教的鬼神。又印度自古以來即有稱為那伽之種族，其種族有多數之種別，非屬於雅利安人種，散居於現今印度東北阿薩密（Assam）地方及緬甸西北部等地，崇拜龍蛇。詳見佛光大辭典。
註4　緬文叫做Kywet kyit。

仰光 03 帝釋天的兒子

在佛塔露天廣場的西南與西北角落，你可以找到關於幾位創建雪達光佛塔的傳奇人物的浮雕。位於西南角落的人物是佛塔建造者－奧喀拉帕王 (Okkalapa)。西北角落的人物則有協助建塔的帝釋天 (Sakka)，跟他的配偶梅勒穆 (Melamu)，她也是奧喀拉帕王的母親。

那時，有一位聖者在善法城附近森林隱居苦修。一天，他在托缽的路上發現一棵樹上長了一朵未開的花，不尋常的是那蓓蕾異常地碩大，隱士遂將花蕾帶回家。當花苞綻放的時候，裡面竟然出現一個女嬰。隱士將這女嬰取名為梅勒穆 (Melamu)，因為孕育女嬰的花蕾就是長在一種名為梅勒穆的樹上。

數年之後，梅勒穆長成一位丰姿綽約的美麗少女。

此時，在三十三天的帝釋天注意到，少女梅勒穆未來會成為寶塔的建造者與贊助人之母，而帝釋天則會是那孩子父親。所以他自天上下到地球，化為一位青年至隱士處與少女成親。很快地，梅勒穆懷孕生子，取名為奧喀拉帕。帝釋天回到天上之前告訴人母，奧喀拉帕長大以後將成為統治者，並且他將建造一座佛塔來供奉佛髮。

攜帶聖物回鄉的航程上，多婆沙和婆利迦在海上遇到塔迦塔王 (Atjjhatta) 以及龍王，各向他們索取兩根佛髮。以致當兩人回到善法城之前開啟盛裝聖髮的寶匲時，

看著僅存的四根佛髮嘆息。

　　兩兄弟向上天祈求道：「佛陀指示我們兄弟倆攜帶八根聖髮回來，放置於建在帖固塔拉山丘上的寶塔內。以上所言，如實不虛。願能回復原狀，讓八根聖髮出現在這寶篋中。」。

　　當他們再度開啟寶篋時，奇蹟地發現八根聖髮竟然完整的出現在寶篋中。

　　聖髮抵達善法城的時候，奧喀拉帕王親自迎接兩兄弟，並且以豐富的賞賜慰勞他們。

　　埋藏著過去三佛遺物[註1]的帖固塔拉山丘在那個時代是滿佈叢林的區域。帝釋天知道以人類的能力是無法找到此聖地，所以祂派遣天人趁著夜裡去帖固塔拉山丘施法剷平、整地，並且託夢給兩兄弟，指示聖地的方位。

　　天亮之後，兩兄弟立即向奧喀拉帕王報告夢境所見。兩兄弟當眾宣說佛陀向他們所示，並請國王派人去夢中天人所示的方位，終於找到埋藏過去三佛遺物的帖固塔拉山丘。當奧喀拉帕王開啟寶篋時，聖髮全都上升到幾十公尺的空中，光芒熾盛並且發出七彩妙光。此時帝釋天自忉利天宮騎著象降落在山丘上，渾身發光，許多天人也出現，圍繞著聖髮膜拜，皆大歡喜。人們將佛陀聖髮與三佛的遺物都置入新建的寶塔內，為後世所崇敬。

註1　拘留孫(Kakusandha)佛的水甕、拘那含(Konaagamana)佛的袍子、迦葉(Kassapa)佛的杖。

攝影／李信男

仰光 ⁰⁴ 以珠寶供養

人們通常跪在環繞著塔的基座的七十二個神口前禮拜。有幾座象呈現卑躬屈膝的雕像，你也可以在這些神口前發現一些獅子、龍神、夜叉、修行成就者、天人(或nat)以及菩薩的塑像。寶塔的基座有四個入口可以進入內部，但是沒有人進去過，也無從得知內部的狀況。人們傳說寶塔裡面飛舞著一把不斷旋轉的劍，護衛著塔內的聖物。也有人說塔的底下有通道，沿著地底隧道可以通到蒲甘，甚至遠至泰國。

寶塔由九個部分組合而成：寶石蓓蕾(Sein-phoo)、風向標或稱棲息於高處的聖鳥(hngetmyatnar)、塔冠或寶蓋(Htee)、相輪又稱盤蓋或輪蓋(Hnet-pyaw-phu)、蓮座(Kyar-lan)、帶狀的浮雕圖案(Bang-yit)、覆缽(Thabeik)、金鐘(Khaung-laung-pon)、三層平臺基座(Pichayas)。

塔外型圓融流暢的線條帶來視覺上和諧與寧靜的效果，龐大的身軀由底座逐漸縮小，最後塔頂的尖端部分高聳向天際。這樣巨大的結構與穩重的造型，不由得讓人將她與埃及的金字塔作聯想。比起金字塔，雪達光佛塔塔身的裝飾更顯得精緻與富有造型美，在「金」字上更是名符其實。所以華人總是喜歡稱之為「大金塔」。

用「珠光寶氣」來形容雪達光寶塔一點也不過分，光是覆蓋在塔身外的黃金，就幾乎有九公噸重，塔頂還有一千零六十五個金鐘、四百二十個銀鈴，塔頂的寶石花蕾鑲嵌有四千四百四十三顆鑽石(包

高度五十一公尺的帖固塔拉山丘位於距離仰光軍區營地北方一點六公里處。高度九十九公尺的雪達光寶塔，是覆蓋在純金之中的圓錐形磚造佛塔建築。寶塔的基座每邊長四百三十二點八公尺，高九十九點四公尺。由六十四個較小的佛塔圍繞，四面的中央各有一座較大的佛塔。

含頂端一顆七十六克拉重的鑽石），九十三顆其他寶石。風標部分有一千零九十顆鑽石，一千三百三十八顆其他寶石。塔冠部分也有八百八十六顆寶石。合計總共有五千四百四十顆鑽石，紅寶石藍寶石和其他寶石總共有二千三百一十七 顆。

這樣光彩奪目的景象實際上以我們的肉眼是看不到的，因為塔頂實在太高了。建議各位如果想看清楚塔頂的細節，可以攜帶望遠鏡。在早晨或是下午黃昏之前光線適中的時候，可以細細鑑賞塔頂的珍寶以及周圍佛寺繁複的木雕藝術。這些都是全緬甸最精緻的工藝。

寶塔前的廣場上人來人往，花一般美麗的女子們雙頰塗抹著香木粉，年輕的男子們穿著光潔的上衣，腰部都圍著沙龍，讓他們顯得挺拔而纖瘦。廟廊下閒坐著看熱鬧的少年與無言的貧窮老人，幫佛像貼金箔的男人與手持念珠靜坐廣場中央的修行人。更多觀光客對著寶塔與廣場上的這一切景象猛按快門。赤腳踩在溫暖的大理石地板上，絕對是全然不同的體驗。不管是男人女人，老人或小孩，不論是在清涼的早晨或是燠熱的太陽底下，人們來到這裡也許僅僅為了獻上一些花，點燃一些蠟燭或者坐看他們偉大的導師的雕像，並且思惟這位導師深奧的教法。

攝影｜李信男

仰光 ^{05} 合十的雙手

橫跨歲月，經歷各朝代的交替，巨大的寶塔俯視著人間的悲喜，王族爭權、兄弟鬩牆、親族廝殺、民族的融合與異族的統治。人們在這裡曾經過著繁榮而無憂的生活，也曾經飽受自然災難與戰火的摧殘。就像緬甸的命運，在漫長的歲月當中，寶塔歷經氣候的摧殘、戰爭的掠奪與最少八次以上的地震[註1]，甚至於一九三一年還經歷一場大火。雪達光寶塔仍然莊嚴而雄偉地屹立不倒。信仰賦予緬甸人生存的意義，只要寶塔還在，人們就不放棄解脫的希望，繼續護持佛法。

直到十四世紀之前寶塔並未受到世人的矚目，直到西元一三六二年，頻耶宇王（Binnya U，r1353-1385）重修雪達宮佛塔，由當時僅九公尺增至二十多公尺。塔內珍藏佛髮八根，在蒲甘王朝時代，此塔也屢有增修。

緬甸第一位女王信修浮（Shinsawbu，1453-1472）熱心的護持佛教。退休後她開始增修雪達光佛塔，用四十一公斤的黃金，塗刷塔頂；周圍建築十五公尺高的露臺，寬達二百七十五公尺，又護以石欄，安裝石磴，四周遍植棕櫚。在她病危之際，還要人把她移近窗前，遠望著瑞德宮佛塔金頂，瞑目而逝，享年七十八歲。女王的繼任者，她的女婿達摩悉提國王（Dhamazedi)立了一個石碑，銘刻了寶塔的由來。他並且鑄造了一座在當時號稱世界最大的青銅大鐘。直到一六○八年英國人要把這口鐘用船載走好改鑄大砲，途中因船故障，大鐘沉入河底。

註1　1564、1628、1649、1661、1664、1769、1888與1919年，都有地震發生的紀錄。

阿瑙帕雅（Alaungpaya，r1752-1760)是個軍事天才，為緬甸三位民族英雄之一。用兵銳不可當，每次戰爭都迅速獲得勝利。一七五四年五月，攻克大光(Dagon)，改名為瑞光(Rangoon)，意即「戰爭終了」。他率領武將們詣雪達光佛塔前，慶祝戰爭勝利，感謝佛恩。

一七六九年地震，雪達光佛塔部分倒塌，阿瓦國王信布辛(Hsinbyushin，r1763-1776)命令再作修建，一七七四年將塔的高度提升到目前的高度，並且以等身重的黃金貼覆在新製的塔冠。信布辛的兒子信固王(Singu)在一七七八年再次以金箔裝飾塔和用青銅鑄造了一座十六公頓重的鐘，置於塔周圍廣場的西北角。

一八二四年第一次緬英戰爭以後，由英方取得這個鐘，但是在載運過程當中落入河底，然後被緬甸人打撈起來並且放回原處。塔拉瓦底(Tharrawaddy)王於一八四一年建了廣場西邊區域的建築群，再用九公斤的純黃金的金箔裝飾塔和鑄造一個四十公噸的鐘，放置在塔周圍廣場的東北角。

一八五七年敏東王將首都搬到曼德勒，在 一八七一年十月用蒸汽船載新黃金塔冠到仰光，那時候下緬甸已經是在英國的勢力範圍。一九○六年為了迎接來緬甸視察的威爾斯王子[註2]，以他的名義捐獻了純金包覆相輪。一九一九年有一個地震，兩年後保管委員會花了一百萬盧比將塔頂的鑽石蓓蕾和風標整修完畢。

就我們所知，緬甸屬於低度開發的國家，國民普遍貧窮。但是不管是佛寺或是佛像與佛塔，都以金箔、寶石裝飾得金碧輝煌，一派富貴的氣象。這樣矛盾的情形實在令人不解，「緬甸人真是慷慨大方！」你一定會這樣認為。

只有來到仰光見到雪達光寶塔，你才能夠了解為何貧窮的人有這麼大手筆；塔的輪廓就像合十的雙手，手肘到指尖的形狀。那是一雙眾人的手，獻出他們的土地上所出產，世人認為最珍貴的黃金與寶石，來讚美覺者的智慧與感激祂教化世人的慈悲。

黃金象徵佛法的珍貴，寶石代表佛法堅固無堅不摧。就像那句大家耳熟能詳的廣告詞：「鑽石恆久遠，一顆永流傳」，緬甸人也希望佛法能夠永久流傳下去。

註2　Then Prince of Wales，後來登基為英王喬治四世King George

仰光 ⁰⁶ 一缽千家飯，孤身萬
里遊；為了生死事，
乞化度春秋

　　如是我聞：一時，佛在舍衛國祇樹給孤獨園，與大比丘眾千二百五十人俱。爾時，世
尊食時，著衣持缽，入舍衛大城乞食。於其城中次第乞已，還至本處。飯食訖，收衣缽。
洗足已，敷座而坐。

　　　　　　　　　　　　　　　　　　　　　　　　　　　　　　　金剛般若波羅蜜經

一缽千家飯，孤身萬里遊：為了生死事，乞化度春秋

全世界目前僅有南傳佛教國家還保存了僧侶每天出去托缽，並嚴守過午不食的佛制。對於大部分的外國人來說，佛教僧侶托缽只是南傳佛教國家的一個特殊景觀，幾乎每個到泰、緬旅行的人都要拍攝僧侶托缽的行列，這成了南傳佛教國家的標誌。

僧人的生活寧靜而充滿神秘感。當他們的行伍穿越大街小巷的時候，只見紅色的僧衣飄揚，灑脫異常。

而寺院裡面他們的生活又是如何面貌？寺院裡的僧人每天凌晨三點即起，讀經作他們的早課。五點二十分，誦完經的比丘們在禪堂出口處排成一行，等到五點三十分準時打板，比丘們無聲地魚貫走向膳堂，這時月亮還高掛在天上，黑暗中閃爍著一如釋尊當年悟道出定時所見的晨星。

在仰光的孫倫谷佛學院，僧侶們食物的來源並不全然靠托缽，除了「結夏安居」以外，每天一半的僧侶出去托缽，化

緣回來的食物再交由廚房統一分配。許多
緬甸人會直接送食材到寺院供養。遇到特
殊的節日或是人生當中重大的日子，例如
結婚、生日、生子等等，都會到寺院齋僧。

　　還記得台灣朝聖團要來佛學院的那天
早上，有人在寺院附近結婚，典禮之前先
來寺院齋僧。那天的膳食特別豐富，連善
信女們都一起供養。齋僧的人家所有家庭
成員都來到寺院，他們會跪坐在膳堂中央，
等待比丘們用完膳之後再用餐。

　　佛學院接待來客非常禮遇。獨自一人
享用一桌子豐盛的菜餚，還有水果跟飯後
甜點。跟著比丘們一起用餐，一起接受供
養。甚至因為寺院的僧侶過午就不再進食，
所以廚房晚上也沒有開伙。我再不敢麻煩
人家，請比丘不必再吩咐廚房特別為我準
備晚餐。

　　然而第二天傍晚，比丘還是請人到
外頭買來食物。偌大的膳堂就只有我一
個人用餐，感到非常慚愧，繼而想到僧
侶們每天出去托缽的辛勞，升起了跟著
去的念頭。學院的學生告訴我可以詢問
年輕的比丘們，是否可以跟著去托缽。

負責接待我的是比丘烏 瑪哈南達 (Uzin U Maha Nan Da)，他說我隔天早上可以跟他們去托缽。

十二月的早晨非常涼爽，甚至還有點寒意，寺院到處都是烏鴉，他們的叫聲讓寧靜的寺院更顯幽寂。我光著腳走進寺院。

雖說住在佛學院，可是比丘們的住處跟禪堂都是屬於佛寺的區域，不管是誰，進入這個區域都要脫鞋子。我刻意穿著緬甸人穿的longe，以避免過於醒目影響僧侶們托缽。只是還不太會打結，必須時時調整。在路上托缽時，longe還鬆開差點掉落，幸虧旁人趕緊來幫忙，還幫我打了個大大的，豪爽氣派的「仰光風格」結。

同時兩位比丘也在為小沙彌們著衣。依照戒律，離開寺院的範圍入市邑的時候，僧侶必須將平時偏袒右肩那一條大大的布纏在身上，成為有長袖的衣，頭部以下從頸子開始都裹覆在衣中。那條布就是出家人三衣中的大衣，名「僧伽黎」，即複衣，在乞食、說法等時所穿的，是佛教大禮服。經典中也記載，佛陀的弟子在請師開示時，為表示尊敬會「偏袒右肩，右膝著地」。看他們穿才知道真不容易，最小的那個沙

彌因為第一次到寺院出家還不會穿衣，袖子部分得用橡皮筋圈著。

我的任務是走在扥缽的隊伍前頭敲鐵製的雲板，通常這任務是由佛學院裡面的在家學生負責。「雲板」顧名思義造型像雲一樣，中央由一條繩子綁著，一手抬高拿著繩子，另外一手則拿著木槌敲雲板兩端最外側往上翹的部分。敲對地方的話，聲音會很清脆悅耳，否則聽起來會悶悶的。木槌每次敲打，雲板會旋轉，等旋轉的速度趨緩之後才能再敲，這樣敲打的節奏就可以控制，而不會忽快忽慢。

三個小沙彌也是第一次加入扥缽的行列，其中年紀最大的Thomas今年十三歲，會講一口流利的英文。從他那兒得知原來他跟八歲的弟弟James還有弟弟的同學Tommy一起，利用聖誕節連續假期來寺院短期出家五天。緬甸人的習慣是佛教徒家庭的男子二十歲以前最少出家一次，比較虔誠的家庭的子弟通常十歲之前會先到佛寺出家一次。Thomas兄弟就曾多次在這佛寺出家，他們兄弟的父親一直護持這個寺院，也是住持法師的在家弟子。

八點一到，比丘們都抱著黑色的缽。大比丘的缽裡面還有四個小鐵缽，用來盛放菜餚。扥缽的隊伍

準時離開寺院。扥缽的時候不能穿鞋子，必須打赤腳。這對於連在家裡都要穿著拖鞋的我來說，是不小的挑戰。街道的地面除了小水坑跟石頭以外，什麼東西都可能出現。隨處可見悠遊在街道上的狗、雞、鴨子、鵝等遺留在地上的排泄物，腳底直接踩在上面還真不太會走。尤其我們要經過寺院附近一個居民放置垃圾的區域，除了垃圾以外，地面上散落的碎磚頭與堅硬的石塊都刺痛著腳底板。我不由自主跳著走，不時小心翼翼緊盯著地面。比丘只是微笑著，而小沙彌們可能認為我在練習輕功，忍不住笑出聲。

每天早上，雲板清脆的聲音通知人們扥缽的隊伍已經到來，善男信女們捧著熱騰騰的飯、菜來到家門口，等待比丘們到來。除了主婦，也有中年男士跟年輕的少女出來布施。他們的家庭每天早上都要先將飯菜供養僧寶之後自己才進食。

比丘托缽的過程是神聖且嚴肅的，所謂比丘是出家人，翻譯成中文的意思就是「乞士」。乞士討的不是吃的一口飯，是討一個永遠不生不滅的精神食糧。所謂「上乞法於佛，下乞食於一切眾生」。托缽的制度源自於二千五百年前，佛陀規定比丘們不可自己舉爨，必須遵守托缽乞食的制度。

這是極為慈悲的規定，當比丘們走入街坊、村落挨家挨戶去托缽，此時與人民最接近，出家的比丘可因此看到人間的煩惱與悲苦。而許多貧窮無力佈施財物的人（一如當今緬甸大部分的人民）也有機會可以供養，累積他們的福報。經典記載佛陀的弟子大迦葉尊者就曾經為了讓一位貧病的老婆婆來生能脫離窮苦的生活，而向她乞食吃剩的餿水。

和煦的晨光中，人們站在家門口等待托缽隊伍來到，將白飯舀到比丘們的缽中，然後雙手合十目送僧侶的隊伍離去。每天早上都重複同樣的行伍，兩千五百年來，比丘與沙彌們踩著一致的步伐，走出寺院進入市邑與村落，將佛法佈化到人群間。

街上雖然狹窄但是很熱鬧，往來的三輪車載送買菜的婦女與年幼的學童，小茶館播放著翻唱德國重金屬搖滾的緬甸流行歌曲，女人將污水潑到馬路上，男人騎著腳踏車去上班。一時之間，深奧難懂的佛法突然清晰起來；佛陀在前面引領著托缽的行伍，為我們示現一個清晰而明確的方向，那是一條真實不虛，通向永恆解脫的道路[註1]。何其有幸能參與托缽的行列，一股熱氣在心胸翻騰激盪，不覺淚濕眼眶。

註1　「性空離相，不是離開了緣起法，要能從日常生活中去體驗。所以，穿衣、吃飯、來往、安坐，無不是正觀性空的道場！」印順導師著《般若經講記》（妙雲集上篇之一）正釋 乙二 [P25] 正聞出版社出版。

一缽千家飯,孤身萬里遊……為了生死事,乞化度春秋

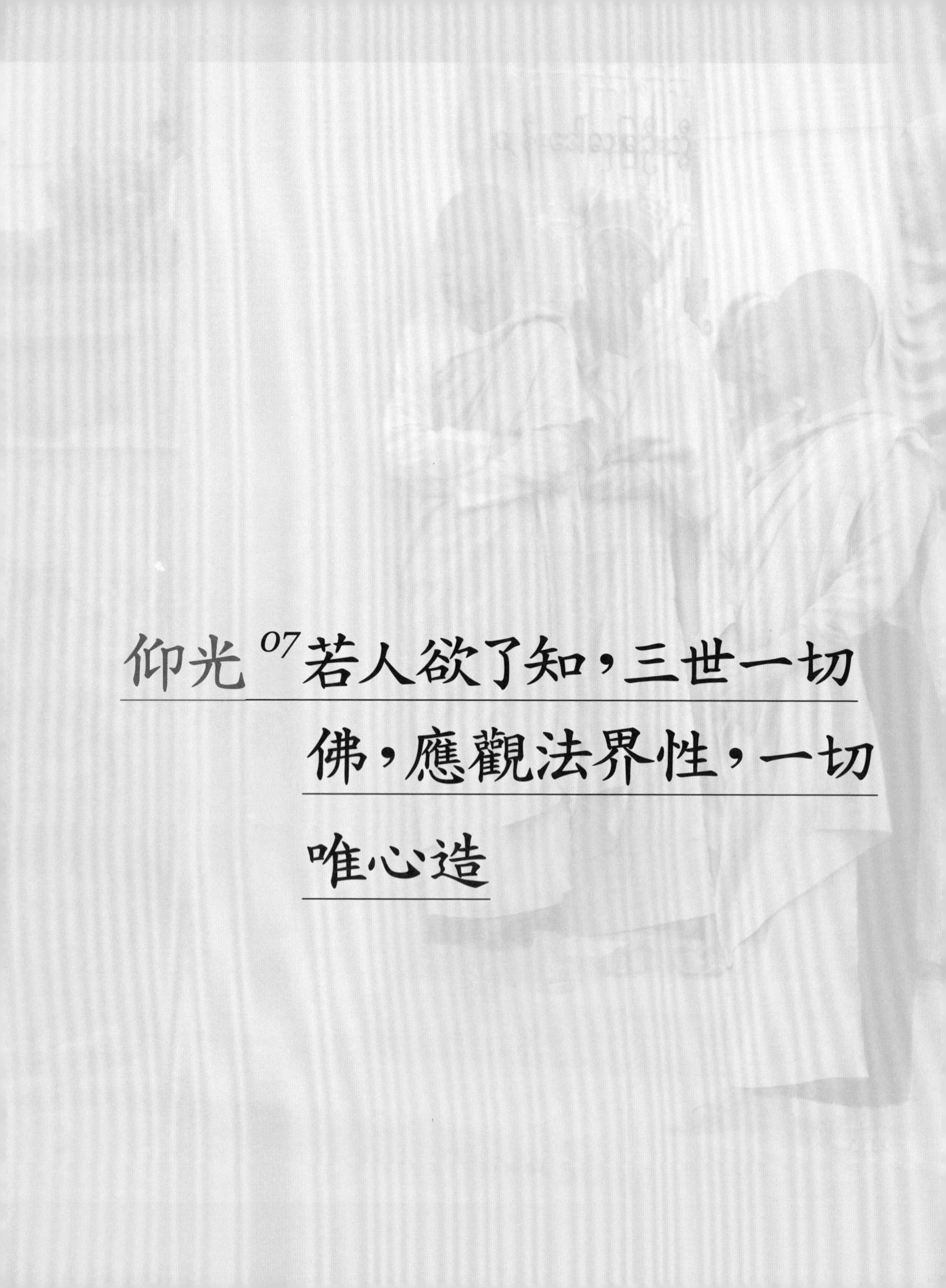

仰光 ⁰⁷ 若人欲了知，三世一切

佛，應觀法界性，一切

唯心造

托缽的隊伍回到寺院之後，八戒尼，歐卡達女士（Daw Okada）已經在膳堂外等我，親切地詢問托缽的過程。三個沙彌也已經洗好他們的缽盂，急著跑來告訴我，街上的人都在討論跟他們一起托缽的外國人。看來我的「偽裝」是失敗的。

等待我的不僅只是沙彌與八戒女尼；當我回到寮房，掏出鑰匙開門的時候，一位不認識的老婆婆（應該是常住的在家修行人）雙手遞上一串佛珠，那是一串被經年使用過的菩提子串成的佛珠。

回到寮房先洗腳，用肥皂跟蓮蓬頭的水都無法沖淨腳底的異物。真噁心！一邊剝開不明的污穢物一邊想，這輩子腳底從來沒有這麼髒過。然而心底突然升起疑問，

為什麼比丘跟沙彌們能夠面不改色的赤腳走路，難道他們都不在乎地上的穢物？

他們的內心沒有沾染一絲污穢，自然不會介意腳踩到什麼；這一切我所厭惡，感到噁心的不潔穢物，不過是自己本性之自心所變現。

午前用餐時，膳堂裡面的人比往日多，因為是假日，有信徒來供僧。大約兩個家庭的信徒十幾人跪坐在地板上，恭敬地看著比丘沙彌們用餐。沙彌們的桌子就在我前面不遠處。一個男人忙著幫他們盛飯、盛湯，孩子們無憂無慮地吃著，還向著我這邊眨眼。我忍住笑意看他們的父親忙碌著。想見那位必定是Thomas跟James的父親，他讓我想起了自己的父親。

仰光 08 應無所住，而生其心

自上個世紀中葉開始，人們開始注意南傳佛教國家；緬甸、泰國以及寮國的禪修方法。一些西方人到達這三個國家剃度出家，或是向成就者(大師)學習巴利文上座部佛經，更多人是來學習直接，且迅速有效的禪修靜坐方法。

時至今日，禪修在全世界已經成了超越宗教藩籬的熱門課程。許多歐洲中上階級人士在精心設計且極具品味的園林俱樂部裡面，學習瑜珈與禪修。這些俱樂部的會員大部分是基督徒、回教徒或其他宗教信仰者，反而佛教徒僅佔極少數。

甚至在香港，我的朋友也參加了盤據在山崖上，擁有完美海景的俱樂部。根據他們的形容：「我到那兒為了治療失眠的毛病，作SPA與學習禪修。會員都是歐洲人，親切極了，像回到歐洲的家的感覺。」。

在觀光業發達的泰國，一些高級的resort也以禪修為噱頭，招徠許多西方遊客。這些高級酒店是金碧輝煌的佛寺風格建築物，或是請禪修老師指導，安排遊客到佛寺，在佛塔旁架起顏色鮮豔的鐘型蚊帳，讓遊客身處於舒適而神秘的東方意像中，體驗禪修的好處。

這說明了人們已經從生活上體驗到禪修的實際利益，並且在醫學上積極展開科學研究。禪修有什麼好處呢？二○○五年一月份的華盛頓郵報有一則報導指出；

最近幾年，威斯康辛大學研究人員和西藏喇嘛合作，將這種精神經驗解釋成高頻率的科學語言。威斯康辛大學功能腦部想像和行為實驗室的神經科學家戴維生說：「我們發現，長期靜坐的人腦部活動現象是我們前所未見的。靜坐對腦部所產生的效果，就如同平常練習有助於高爾夫和網球選手磨練球技一般。最新研究結果顯示，藉靜坐進行精神訓練，可以改變腦內工作和循環。」戴維生表示，這意味腦部可以訓練，從而實際改變，影響之大，很少人可以想像。

戴維生從研究獲致的結論是，靜坐不但可以在短期內改變腦部的工作情況，甚至可能產生永久性的改變。他說，這種改變係根據一項事實——甚至在喇嘛開始靜坐前，他們腦部的伽瑪波活動都比控制組多得多。幾年前，麻州大學研究員卡巴辛也獲致類似結論。

這些科學研究與數據對我們透露了一個訊息；那就是距今二千五百多年前印度的佛陀對世人所揭示的教法，是真正能夠在每個人身上起作用。至於起什麼樣的作用，還是要我們親身去力行才知道。

緬甸有位大師－孫倫谷西亞多（Sunlun Say^adaw，1878-1952）註1 的教法主張藉著苦受，要坐得很端正、不動地去感受身體的苦楚，盡全力注意自己的強力呼吸，使心集中起來，接著再深入去做內觀的修行。

而我正好有幸到位於仰光郊區頂甘穹鎮（Thingun Kyun）的「孫倫谷佛學院」，學習與認識這位成就者關於禪修的教法。

每天清早六點多就開始靜坐，每次禪坐約一個半小時。每天有五次靜坐時段，遇到假日或是滿月日，增加到七次。分別為06:30-08:00，08:30-10:00，接著10:30用午膳，下午13:00-14:30，15:30-17:00，19:00-20:30。晚間七點這時段，住持烏董德勒西亞多（U Zin Dondala Say^adaw）會開示，並且親自指導禪修。

註1　西亞多，就是中文的「大和尚」，指德高望重的出家人。本是弟子對師父之尊稱。

仰光 ⁰⁹尊者所傳授的禪修方法

一開始要專注於正念：就是安那般那（巴利文是anapanasati）入息出息念。集中心念在吸氣、呼氣或者身心的移動。將注意力放在鼻孔，注意著氣息的出入，約花45分鐘用很密集地集中精神去作有規律且較強烈的呼吸（甚至鼻孔出聲）。

這時指導的西亞多會告訴禪修的人：「止息，觀察身體並且察覺苦受。」思惟身、受、心、法（也就是四念處；觀身不淨、觀受是苦、觀心無常、觀法無我）和它們的生起及立刻消失的變化，這是過程的正念。

這時若感覺痛、癢，甚至抽筋都應該保持身體姿勢不動搖。

當修行一段時間，有了初步成果的時候，就會進入第三個階段；這時行者會看到各種現象與境界，甚至是衰亡的景象。內心便會升起厭離之心，並得到智慧遠離貪、嗔、癡三毒。

孫倫谷尊者的禪修方法簡單，但是得先克服自己內心許多障礙，並且持續為之才能有成就。

仰光 ¹⁰「坦然不怖於生死」

孫倫谷寺院的住持烏　董德勒西亞多[註1]於一九八〇年進入孫倫谷寺院繼續學習佛學與禪修，接著在三十一歲那年獲得緬甸比丘的最高學府－佛教大學的緬文博士學位。是一位有著高深學識的學問僧。除了佛學，他在禪修方面也有很大的成就，才能在四十八歲那年通過國家認證的南傳三藏經測試，成為緬甸自一九四八年獨立以來第十位三藏法師[註2]。

西亞多對於有心研習佛法與學習禪修的人都熱心歡迎，並不吝惜給予指導。他也是個很慈悲的大和尚；例如他發現佛寺與學院的佔地廣大，居民往往都要繞很遠的路到達佛寺的另外一邊。所以每天日出到日落這段時間，寺院的四邊各開放一個門，讓居民通過佛寺，免除繞路之苦。

離開緬甸的前一個晚上，向住持拜別。西亞多慈祥的邀請我在佛寺多住一個月，好好的學習禪修。趁此難得機會，提出三個問題請西亞多開示：

「請西亞多開示，在佛學院每天如此長時間又密集的練習禪修，是否孫倫谷大師的教法必須如此密集？平常在家什麼時間練習禪修最適宜？」

西亞多回答：「來到佛學院當然就要密集練習，不得懈怠、偷懶，這是態度的問題。隨時都可以禪修；密集未必效果比較好，方法正確最重要。」

「請西亞多開示，非佛教徒也可以學習禪修嗎？」

西亞多回答：「可以的。在印度，有位大師，教授禪修的時候從來不談論經典上的佛法，許多外國人不分宗教信仰，都來向這位大師學習，也都有很大的收穫。」

「請西亞多開示，禪修對於一般人最大的利益是什麼？」。

註1　生於西元一九五五年，十二歲剃度出家。二十歲那年受比丘戒，並且考上宏法法師的學位。

註2　三藏法師，緬文Tipitakaariya。於巴利語中，tipi aka-dhara係指「憶持三藏者」。在緬甸，獲得三藏法師的封號對於比丘是極崇高的殊榮，可獲得國家供養米食、可攜帶兩名隨從，國內海陸空的交通皆免費、黃杆白傘三支，等等的禮遇。

西亞多回答：「禪修對於人的身體健康是有幫助的；在心靈上也可以開啟我們的智慧。最大的好處在於，面對死亡的時候可以不驚不怖。你害怕死亡嗎？」西亞多突然反問我。

「怕。我害怕死亡。」回想在拿巴里海邊溺水時候內心的恐懼，我毫不猶豫地回答。不過西亞多怎麼會知道這件事情？

西亞多說：「禪修可以讓你在面對死亡的時候，『坦然不怖於生死』，以後再也不害怕了！」

十八世紀，緬甸貢榜王朝有位上座長老牟尼陀瞿沙Munindaghosa被國王驅逐到國境外。在邊境地牟尼陀瞿沙仍然各處教授隨他修學的比丘沙彌，並翻譯「攝阿毘達磨義論」為緬文。

國王得知他在邊境地區所為，派人去召見他回朝。

對佛教徒而言，殺僧是非常深重的罪業，牟尼陀瞿沙知道國王要殺他，所以他捨戒還俗，不使國王加深罪業。西亞多的話讓我想起了這位高僧的行誼。

對於即將離別，西亞多表示不捨之情，他引述阿毘達磨[3]中所提到的「因緣」；希望我儘快回到緬甸，想在寺院住多久都可以[4]。西亞多的慈悲與和善實在令人印象深刻並且難忘。

「也許，下次你來可以出家。」

那一定是很棒的體驗，我也這麼期待。

註3　就是論藏、阿毘曇，巴利文Abhidhamma Pitaka。的發趣論(巴利文Pa.t.thaana)
註4　緬甸政府規定在寺院研習的外國人簽證，得以不限次數加簽。

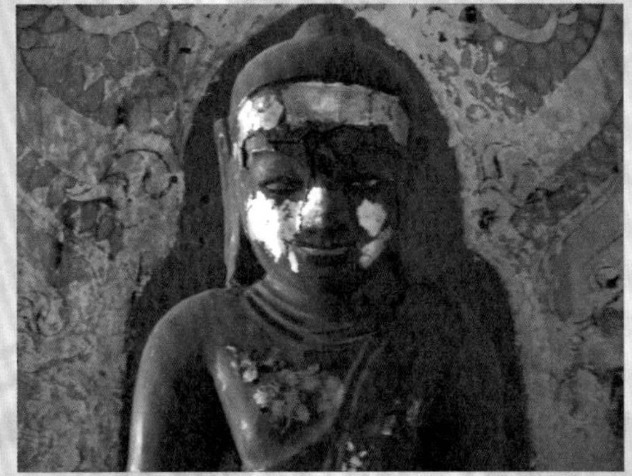

——————————————— The End ———————————————

辣蝴蝶

探訪世界舞台聚光燈外的緬甸

作者
聖行

發行人
羅智成

主編
劉耀廞

封面設計·美術編輯
自轉星球·蔡育智

法律顧問
永然聯合法律事務所

出版者
財團法人靈鷲山般若文教基金會

地址
234台北縣永和市保生路22巷8號8樓

電話
02 8231-6789

傳真
02 2232-1010

統一編號
80625724

網址
books@ljm.org.tw

印刷
永光彩色印刷股份有限公司

電話
02 2223-7072

初版一刷
2005年7月

定價
320元

版權所有‧翻印必究
本書若有缺損,請寄回更換。

ISBN 957-98894-7-3 (平裝)

國家圖書館出版品預行編目資料

辣蝴蝶—探訪世界舞台聚光燈外的緬甸 / 聖行著—初版
—台北縣永和市—靈鷲山般若基金,2005 (民94)
面:公分
ISBN 957-98894-7-3 (平裝)
1.緬甸–描述與遊記
738.19   94014011